Detlef Horn-Wagner

Die »SWOTfolio-Technik« und andere Methoden strategischer Planung

Detlef Horn-Wagner

Die »SWOTfolio-Technik« und andere Methoden strategischer Planung

Tools der Analyse ("Ist") und der strategischen Planung ("Soll") für kleinere und mittlere Unterrnehmen, insbesondere der Sozialwirtschaft

Trainerverlag

Imprint

Cover image: www.ingimage.com

Publisher:
Der Trainerverlag
is a trademark of
International Book Market Service Ltd., member of OmniScriptum Publishing Group
17 Meldrum Street, Beau Bassin 71504, Mauritius
Printed at: see last page
ISBN: 978-620-0-76815-5

Inhaltsverzeichnis

Widmung und Danksagung ... 3
Zum Geleit ... 4
Vorwort und Einführung in die Thematik ... 4
Lesehinweis ... 5
Kapitel 1: die „SWOTfolio"-Analyse als Kombination und Erweiterung ... 6
Abbildung 1: „SWOTfolio", Kombination aus ***SWOT****- und Port-****folio****-Analyse (Überblick)* ... 6
1.1 Die (erweiterte) „SWOTfolio"-Analyse, Varianten 1 und 2 ... 8
Abbildung 2: „SWOTfolio"-Analyse, Variante 1: „Zukunft" ... 8
Abbildung 3: „SWOTfolio"-Analyse, Variante 1: „Vergangenheit" ... 10
1.2 Praktische Hinweise für die Vorbereitung einer „SWOTfolio"-Analyse ... 11
Abbildung 4: „SWOTfolio"-Analyse, praktisches Beispiel ... 11
2. Kapitel: Grundlagen I; Die „SWOT-Analyse" ... 12
Abbildung 5 : Grundprinzip einer „SWOT-Analyse" ... 12
2.1 Auch die SWOT-Analyse hat, wie die „Portfolio-Analyse", ihre Schwächen: ... 14
Abbildung 6: „SWOT"; IT-Branche; Produktidee: Internet im PKW ... 15
Abbildung 7: „SWOT"; PKW-Branche; Allgemeine Situation im Premium-Sektor ... 15
Abbildung 8: „SWOT", in Verbindung mit strategischen Maßnahmen ... 15
2.2 Entwicklungsphasen einer SWOT-Analyse ... 16
Abbildung 9: Entwicklungsphasen einer „SWOT-Analyse" – mit Zuordnung der Verantwortlichen ... 16
3. Kapitel: - Grundlagen II; Die „Portfolio-Analyse" ... 17
3.1: ... Exkurs - Die grundsätzliche Schwierigkeit von Prognosen ... 18
3.1.1 Daher: Berühmte Irrtümer und Fehlprognosen unserer Zeit ... 18
3.2 Nun aber zur Praxis der „Portfolio-Analyse": ... 25
Abbildung 10: „Die Portfolio-Analyse. Grundlagen und Erweiterungen" ... 25
Abbildung 11: Legende zu den Symbolen in Abb. 3: „Die Portfolio-Analyse. Grundlagen ... 25
3.2.1 „Legende" zur Abbildung 3 und Erklärung zu den beiden Achsen und neun Feldern ... 25
3.3 Normstrategien ... 29
Abbildung 12: 9-Felder-Portfolio („business-screen" von McKinsey) ... 31
3.4 Kritik(en) an der Portfolio-Analyse ... 31
3.5. Durchführung einer Portfolio-Analyse - „Schritt-für-Schritt-Anleitung" ... 32
3.6. Abschnitt: Varianten der Portfolio-Analyse ... 33
3.6.1 Variante 1: ... 33
Abbildung 13: „Die Portfolio-Analyse. Variante 1. Ebene 1. Zuordnung der Produkte ... 34
3.6.1.1 ... kurzer Exkurs: ... 34
Abbildung 14: „Die Portfolio-Analyse. Variante 1. Ebene 2. Zuordnung der Parameter I ... 36
Abbildung 15: „Die Portfolio-Analyse. Variante 1. Ebene 3. Zuordnung der Parameter II ... 36
3.6.2 Variante 2: ... 37
Abbildung 16: „Die Portfolio-Analyse. Variante 2. Zuordnung der Mitarbeiterschaft insgesamt ... 37
3.6.3 Variante 3: ... 37
*Abbildung 17: „Die Portfolio-Analyse. Variante 3. Zuordnung der Mitarbeiter*inne, im einzelnen* ... 38
3.6.4 Variante 4: „Performance des Unternehmens" ... 39
Abbildung 18: „Die Portfolio-Analyse. Variante 4. „Performance des Unternehmens" ... 39
Tabelle zur Abbildung 18: „Legende" ... 40
3.6.5 Variante 5: „Führung" ... 40
Abbildung 19: „Die Portfolio-Analyse. Variante 4. Zuordnung der 9 Führungskräfte ... 40
*Abbildung 20: Das Klagen der Arbeitnehmer*innen der „Alten Welt"* ... 43
3.6.5.1 ... kurzer ***Exkurs*****: Das „RGB-Modell" zur Erklärung von „Authentizität"** ... 42
Abbildung 21: „Das RGB-Modell" ... 44
3.6.6 Variante 6: „Kennwerte und Finanzierungsarten" ... 44
3.6.6.1 Legende (Lesehinweise und Deutungshilfe): ... 44
Abbildung 22: Kennwerte und Finanzierungsarten ... 45
Abbildung 23 : Steuerung über den Rückspiegel ... 46
3.6.7 Variante 7: „Flywheel" ... 47
Abbildung 24: Der „Flywheel-Effekt" ... 47

3.6.8 Varianten 8 ff: 48
Abbildung 25: Verschiedene Einzelaspekte einer Portfolio-Analyse 49
4. Kapitel: Sinnvolle Analyse-„Tools“ als Ergänzung 50
4.1 Die Penalty-Award/Reward-Contrast-Analysis 50
4.1.1 Vorrede 51
4.1.2 Das Prinzip der „PACA“ 51
Abbildung 26 (Tabelle): Wirkung von Penalty und Award-Faktoren 51
4.1.3 Ein Beispiel zum Prinzip (siehe Abbildung 26, „Tabelle“) 51
Abbildung 27: Wirkung von Penalty und Award-Faktoren in der Zusammenschau 52
Abbildung 28: Das Prinzip der „PACA“ im Überblick 53
4.1.4 Zwei praktische Beispiele einer „PACA“ 53
Abbildung 29: Beispiel 1 – Eine PACA für ein Umzugsunternehmen 54
Abbildung 30: Beispiel 2 - Eine „PACA“ für ein AIDS-Hilfe-Projekt 54
4.1.5 Fazit 55
4.2 Das Pareto-Prinzip 56
Abbildung 31: Dass Pareto-Primzip , mit Auswertungsvarianten 56
Abbildung 32: Die acht reichsten Männer dieser Erde – verfügen so viel wie die ärmeren 50% 57
Abbildung 33: Vermögensverteilung in Deutschland 58
4.2.2 Die Geschichte vom Blumentopf und dem Bier 60
4.3 Das „Eisenhower-Fenster“ 61
Abbildung 34: Die Eisenhower-Matrix 61
4.4 ABC-Analyse 62
Abbildung 35: ABC-Analyse; das Übliche 64
Abbildung 36: ABC-Analyse; das Neue 64
Abbildung 37: Die „Lorenz-Kurve“ 65
5. Kapitel: Gefahren bei Analysen 66
5.1 Das Problem von Meinungen & Einschätzungen 66
Abbildung 38: Der VW-GOLF (MODELL 5) in der Bewertung potenzieller Kunden 67
Abbildung 39: Der PORSCHE 911 CARRERA in der Bewertung potenzieller Kunden 67
5.2 Daher: Einige Sätze kluger Menschen zum Thema „Wahrnehmung“ und „Perspektive(nwechsel)“ als Orientierungshilfe 68
5.3 Wie arbeitet unser Gehirn? Sehr selektiv und „schonend“! 69
6. Kapitel: „Strategie", Was ist das? 70
6.1 Zitate 70
6.2 Strategie und („Unternehmens-“) „Kultur“ 72
Abbildung 40: „Passung“ einer Strategie 72
Abbildung 41: Volks-„Kulturen“ aus unterschiedlicher Sicht 73
6.3 Tipps für ein pragmatisches Vorgehen 74
7. Kapitel: Hilfen bei der Umsetzung der Tools 77
Abbildung 42: „Ergebnissicherung" 78

Anhang 1: „Kennwerte“ 80
Epilog, Schlussbild (zum Trost, falls nicht alles gleich klappt): **83**
Literatur – erwähnte (e) und weiterführende zum Thema (w) 84

Widmung und Danksagung

Ich widme dieses Buch zwei Menschen, die, nehmen wir nur das Alter, unterschiedlicher nicht sein könnten.

Der eine ist unser entzückender Enkel, JONAS, geboren 2016 in Frankfurt am Main und der andere ist mein bewunderter Doktorvater PROF. DR. CARL WOLFGANG MÜLLER, kurz „C.W." genannt, geboren 1928 in Dresden.

Dieser eine, Sohn unserer wundervollen Tochter, JULIA und unseres überaus geschätzten Schwiegersohnes, SVEN, verzaubert uns alle mit seinem schelmischen Charme und seiner Neugier, die Welt für sich zu entdecken, immer wieder aufs Neue. Vielleicht fällt ihm später einmal dann dieses Buch in die Hand und ist ihm eine hilfreiche Unterstützung und vielleicht wird er dann schmunzelnd vor sich hindenken: *„Das ist von meinem Opa!"*

Wenn das kommen sollte, würde mich das sehr freuen und ich wünsche JONAS schon jetzt alles erdenklich Gute auf seinem weiteren Lebensweg!

Der andere, emeritierter Professor der TU Berlin, kongenialer Autor u.a. verschiedener Standardwerke der sozialpädagogischen und pädagogischen Literatur, begnadeter Redner, Redenschreiber für WILLY BRANDT und dazu sogar Ideenlieferant für den unvergessenen Homoristen und Satiriker WOLFGANG NEUSS („der Mann mit der Pauke") begleitet meinen Weg mit wohlwollendem und freundschaftlichem Interesse nun seit mehr als 30 Jahren, war überaus passender „Spielpartner" von vielen einschlägigen Rollenspielen im Rahmen von unterschiedlichen Weiterbildungen, hat mich ohne Zweifel mitgeformt und mit einem Satz in mir eine unauslöschliche Erkenntnis gesetzt: *„Wissenschaft ist dazu da, Wissen zu schaffen – deswegen nennt sie sich so."* Möge dieses Buch letzten Endes auch in dieser Hinsicht gelungen sein und Dich, lieber Wolfgang, noch lange erfreuen.

Ich sage Dank einigen Kolleginnen und Kollegen, die die ja nicht immer so ganz einfache und nicht immer beliebte Aufgabe der Korrektur eines fremden Textes gerne übernommen und mit ihren sehr hilfreichen Hinweisen zum Gelingen des Buches wesentlich beigetragen haben: PROF DR. BEATE KLUTMANN, JANINE GRAF, PROF. DR. CHRISTOPH FUCHS, PROF. DR. ECKARD MINX, MARKUS KÖTZLE, PETER PROSCHE und natürlich, last not least, meine liebe Frau PETRA WAGNER, die überdies mit ihrem großen Vertrauen, dass ich auch mit diesem Buch irgendwann einmal „zum Ende" kommen würde, mir Mut gemacht hat, auch zum Ende zu kommen und manche Dinge, die ich auch noch hätte sagen können oder sollen, einfach wegzulassen und damit „Mut zur Lücke" zu beweisen.

Berlin, im Frühjahr 2020

Zum Geleit

Vorwort und Einführung in die Thematik

Der Begriff **„SWOTfolio“**[1] ist eine Wortschöpfung. Sie soll deutlich machen, dass es sich hierbei um eine **Kombination zweier** bewährter Analyse- und Planungs-Modelle bzw. -Konzepte geht – gerade, wenn es sich um wichtige strategische Fragen handelt:
1. Die **SWOT**-Analyse (zweites Kapitel) und
2. die Port-**folio**-Analyse (drittes Kapitel).

Ich verfolge mit diesem Buch im wesentlichen **sechs Ziele**:

1. Ich erkläre (im Kapitel 1) die (Hinter-) Gründe, Absichten, die Systematik, das Verfahren und die Vorgehensweise der **„SWOTfolio-Analyse“**.
2. Ich erkläre die (Hinter-) Gründe, Absichten, die Systematik, das Verfahren und die Vorgehensweise der ersten der beiden „klassischen“ Analysekonzepte und erste Grundlage der „SWOTfolio-Analyse“, nämlich die **„SWOT-Analyse“** (Kapitel 2, ab Seite 13).
3. Ich erkläre die (Hinter-) Gründe, Absichten, die Systematik, das Verfahren und die Vorgehensweise der anderen der beiden „klassischen“ Analysekonzepte und zweite Grundlage der „SWOTfolio-Analyse“, nämlich die **„Portfolio-Analyse“** (Kapitel 3.2, ab Seite 26) und einiger ihrer **Varianten** (ab S. 34).

   Zusätzlich weise ich ebenfalls in Kapitel 3 (Exkurs ab Seite 19) darauf hin, dass die **Erstellung von Prognosen** nicht so einfach ist, *„gerade wenn sie die Zukunft betreffen“* und ich beleuchte darüber hinaus einen für mich überaus wichtigen Aspekt (denn die „methodische Abwicklung“ der Analysen ist nicht das Hauptproblem – das ist mit ein wenig Übung gut beherrschbar) aller Analysen dieser Art: Das *zentrale Problem* sind die gewissermaßen **„gruppendynamischen Gefahren“** bei diesen Verfahren, die daraus resultieren, dass die an der Analyse Beteiligten natürlich eher „intuitiv[2] gesteuerte“ *Bewertungen und Beurteilungen* vornehmen und dies u.U. sogar zu Fragen, die sie aus Sicht der Anderen nichts angehen und die sie angeblich auch gar nicht beurteilen können.

   Dazu ein typisches Beispiel: Ein Mitglied der „Steuerungsgruppe Strategie“ („A“) setzt ein Produkt des „Unternehmens“ (s. FN 3) in das Feld der „Armen Hunde“ (s.u.).

---

[1] **„S.W.O.T.“** ist ein Akronym (ein „Akronym“ ist ein Kurzwort, das aus den Anfangsbuchstaben mehrerer Wörter zusammengesetzt ist; typisch: EDV, TÜV etc.) und steht für: **S**.trengths („Stärken“), **W**.eaknesses („Schwächen“), **O**.pportunities („Chancen“) und **T**.hreats („Gefahren/ Risiken“ (in der Literatur taucht bisweilen auch die Bezeichnung „S.O.F.T.“ auf: **S**.atifaction („Zufriedenheit“), **O**.pportunities („Möglichkeiten“), **F**.aults/ **F**.ailures („Fehler/ Fehlschläge“) und **T**.hreats („Gefahren/ Bedrohung“) – meint also im Grunde dasselbe und wird auch so eingesetzt.

[2] *„Intuition“*, so der britische Journalist und Verleger HOLBROOK JACKSON, *„ist letzten Endes nicht anderes als Verstand in Eile.“* Das stimmt offenbar (so auch aktuell einige der einschlägigen Autoren – s.u.a. und stellvertretend GERD GIGERENZER, s. Literaturliste). Scheint doch unser oft gescholtenes „Bauchgefühl“ häufig ein viel besserer „Ratgeber“ zu sein als unser im „Abendland“ jedenfall so viel gelobter ach' so rationaler Verstand – ich komme darauf im Kapitel 5 noch ausführlicher zurück.

Darauf „B“: *„Warum tust Du das?“*
„A“: *„Weil es keinen Markt mehr für das Produkt gibt und wir im Übrigen davon wenig Ahnung haben und wir überdies einer von sehr, sehr vielen sind, die das Produkt anbieten und das – bei uns – nicht einmal in besonderer Qualität!“*
„B“: *„woher weißt DU das?“* (Man spürt förmlich die nun gereizter werdende Stimmung.)
„A“: *„Das habe ich im Gefühl!“*
„B“: *„Aha – wie bei Loriot!!!“*
„C“ (der Controller): *„'A' liegt nicht so falsch; unsere Umsatzrendite bei dem Produkt treibt mit schon seit Jahren die Tränen der Trauer in die Augen und sein Deckungsbeitrag ist gleich Null – im Gegenteil, es kostet, kostet, kostet.“ ...*

Der Rest der Diskussion ist leicht vorstellbar (s. FN 35). Gründe genug – jedenfalls für mich – hiermit ein „Angebot der Hilfe“ zu unterbreiten, damit die sicher „not-wendigen“ Strategievorhaben in den „Unternehmen“[3] zum Erfolg führen können). Das ist immer dann möglich, wenn diese Gespräche in einem offenen, ehrlichen und zielführenden „Dialog“ geführt werden.

Und darum geht es (unter anderem auch) in diesem Beitrag.

4. Ich stelle (in Kapitel 4, ab Seite 51) einige sinnvolle und ergänzende Analysemodelle vor:

- Die **„Penalty-Award-Contrast-Analyse – PACA“** (S. 51);
- Das **„Pareto-Prinzip“** (S. 57);
- Das **„Eisenhower-Fenster“** (S. 62);
- Die **„ABC-Analyse“** (S. 63) und die **„Lorenz-Kurve“** (S. 66).

5. Ich beleuchte (in Kapitel 5, ab Seite 67) einige der typischen Gefahren bei Analysevorhaben (fast) jeder Art.

6. Versuche (in Kapitel 6 ab Seite 71), deutlich zu machen, was eine „Strategie“ ist, gebe Tipps für ein pragmatisch-praktisches Vorgehen und

7. stelle in Kapitel 7 (ab Seite 78) einen musterhaften Ablauf einer Analyse und damit „Hilfen bei der Umsetzung“ vor – Grundlage für die dann folgende Strategiediskussion.

Lesehinweis

Ich arbeite – schon immer – sehr gerne mit Bildern, denn *„ein Bild sagt mehr als 1.000 Worte“.* Einige der insgesamt rund 40 Abbildungen dieses Textes sind lediglich „ergänzend“, d.h., sie „stützen“ sozusagen die Textaussagen, andere jedoch sind „ersetzend“, d.h., sie vermitteln einen eigenen Inhalt, der dann evtl. durch einen Text „gestützt“ wird. Die „Abbildung 1“ wäre ein Beispiel für eine Abbildung dieser Art. Es lohnt sich m.E. bei dieser Art von Abbildung länger zu verweilen, damit sich der Inhalt auch erschließt. Ich habe diese Abbildungen zur besseren Orientierung deshalb auch mit einer **„Sanduhr“** versehen, um deutlich zu machen: **Hier braucht es mehr Zeit!**

Nehmen Sie sich also bitte die Zeit.

---

[3] Wenn ab hier im Rest des Textes von „Unternehmen“ die Rede ist, sind immer mitgemeint: Organisationen, Firmen, Betriebe, Institutionen, Verbände, Projekte, Träger ..., denn für alle gilt mehr oder minder Ähnliches. „Unternehmen“ ist deshalb auch in Anführungszeichen („“) gesetzt

Dieses Buch ist im Übrigen für diejenigen gedacht, die eine Strategieentwicklung vorhaben (wollen oder müssen) und überdies (zu Recht!) glauben, dass dazu ein methodisches Vorgehen hilfreich ist.
In jedem Fall aber sollten Sie von den hier vorgestellten Methoden *„schon einmal etwas gehört haben"*, um zumindest eine gleichwohl noch vage Vorstellung von dem zu haben, was auf Sie zukommt.

Dieses Buch ist absichtlich *relativ kurz gehalten* (eher in der Art einer Kombination aus „Bedienungsanleitung" und – warnendem – „Beipackzettel"), damit es auch genutzt wird und nicht im Regal sinnlos verstaubt.

Ob diese Kombination letztlich gelungen ist, überlasse ich gerne Ihrer Beurteilung, liebe Leserin und lieber Leser. Ich bin jedenfalls für Anregungen dankbar – und wenn Sie mir eine Mail schreiben (hornwagner@hotmail.com), schicke ich Ihnen auch eine digitale (auf Excel-Basis) Version der „SWOT-Analyse".

Kapitel 1: die „SWOTfolio"-Analyse als Kombination und Erweiterung

*Abbildung 1: „SWOTfolio", Kombination aus **SWOT**- und Port-**folio**-Analyse (Überblick)*

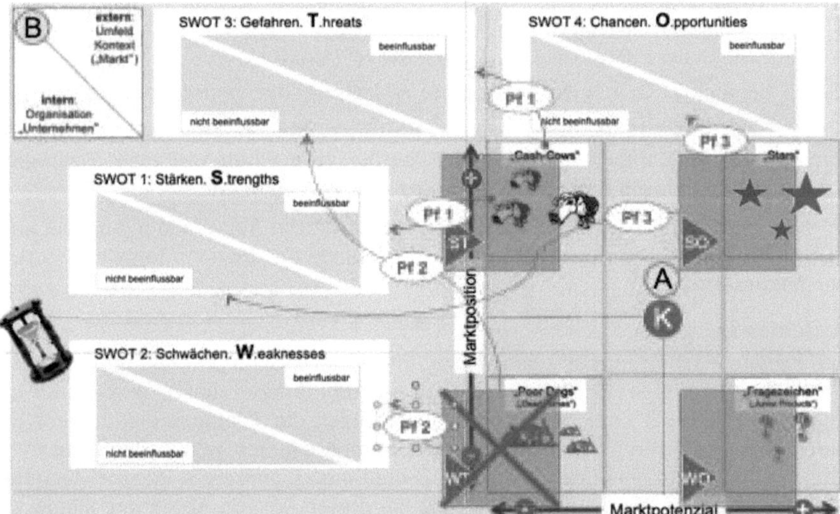

„**Zusammenfassung und Zweck**" («Z&Z») des Kapitels (für den eiligen Leser, die eilige Leserin die zentralen Aspekte, die Kernpunkte):

In diesem Kapitel wird die Systematik vorgestellt, die (Hinter-) Gründe, Absichten, die Systematik, das Verfahren und die Vorgehensweise der **„SWOTfolio-Analyse"** vorgestellt und anschließend Schritt-für Schritt erläutert.

Die Abbildung 1 ist aufgrund ihrer offenkundigen Komplexität ganz sicher nicht selbst-erklärend.
Es scheint daher wohl geboten, die Systematik und die Entwicklung einer SWOT-folio-Analyse *„Schritt-für-Schritt"*, und durch eine entsprechende Bebilderung untersetzt, zu erklären. Auch, weil damit die Basis für das weitere Vorgehen einer umfassenden Ist- und Soll-Analyse ***vor*** einer darauffolgenden „Strategie-Diskussion" gelegt wird.

Die **„SWOTfolio-Analyse"** als Kombination einer **„Portfolio-Analyse"** ...

1. Bildausschnitt

... („**A**"; rechter, unterer Teil in der Abbildung 1 auf Seite 7 – hier: 1. Bildausschnitt im Text, < links) und einer **„SWOT-Analyse"** ...
... („**B**"; linker und oberer Teil in der Abbildung 1 auf Seite 7 – hier 2. Bildausschnitt im Text, > rechts) – als Besonderheit werden hier die verschiedenen Aspekte der **„SWOT-Analyse** in „beeinflussbare" und „nicht-beeinflussbare" Faktoren unterschieden, denn dies ist auch eine Realität in unserer höchst irritierenden „VUKA-Welt"[4] des 21. Jahrhunderts, in der niemand so richtig weiß, was ist, was war und was sein wird.

2. Bildausschnitt

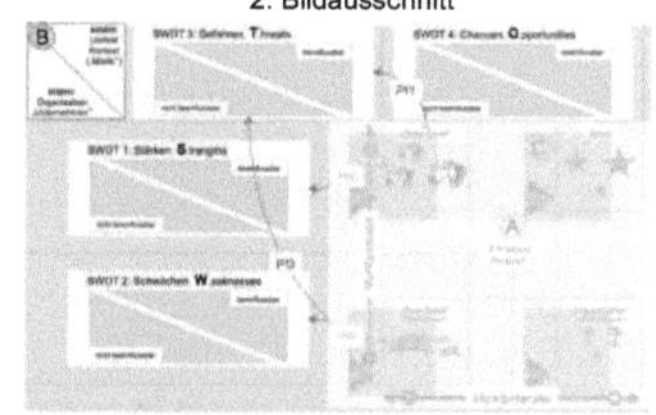

Die Abbildung 1 auf Seite 7 macht auch deutlich, dass beide Analyse-Konzepte durchaus einen inneren Zusammenhang haben – das sollen dort die Pfeile („Pf 1" bis „Pf 3") exemplarisch ausdrücken:

- Die „Stärken" („S") eines „Unternehmens" sollten vor dem Hintergrund möglicher „Chancen" („O") dazu führen, dass die entsprechenden Produkte oder Leistungen („Angebote") zumindest in diesem Marktsegment zu „Stars" werden könn(t)en,
- treffen die „Schwächen" („W") eines „Unternehmens" auf mögliche „Gefahren" bzw. „Risiken" („T") , scheint die höchste Alarmstufe geboten,
- treffen die „Stärken" auf „Gefahren", besteht zumindest die Chance, die Gefahr noch rechtzeitig abwenden zu können etc.

Der „Charme" dieser Verknüpfung besteht auch darin, dass die Beteiligten an der Diskussion überprüfen können, ob sie sich evtl. *„in die eigene Tasche gelogen haben"*, weil womöglich *„nicht sein kann, was nicht sein darf"* – das wäre ja durchaus auch menschlich ...
„K" in der Abbildung 1 auf Seite 7 bezieht sich auf den sog. „**K.**orrelationspunkt, auf den ich bei der *„Schritt-für-Schritt-Anleitung"* zur „Portfolio-Analyse" noch eingehen werde.

---

[4] Die „VUKA-Welt", ein Akronym aus „**V.**olatilität („Flüchtigkeit"); „**U.**nbekanntheit" (in erster Linie der Zukunft); „**K.**omplexität („Mehrschichtigkeit und Interdependenz der Einflussfaktoren") und **A.**mbivalenz („Zerrissenheit) bzw. **A.**mbiguität („Mehrdeutigkeit"). Siehe dazu auch die Seite 24.

Die Pfeile („Pf 1" bis „Pf 3") weisen wie bereits beschrieben darauf hin:

(A) Wenn ein „Produkt" („Angebot", „Leistung") zum Beispiel im Feld (Quadranten) der Stars „verortet" wird, dann *muss* es im „Unternehmen" (also «innen») diesbezüglich Stärken und am Markt (also «außen») verschiedene Chancen geben.

(B) Taucht ein „Produkt" (ein „Angebot", eine „Leistung") hingegen im Feld (Quadranten) der „Milchkühe" auf, dann *muss* es im „Unternehmen" Stärken geben, doch gleichzeitig würden am Markt „Gefahren" eingeschätzt.

(C) Tauchen „Produkte" („Angebote", „Leistungen") im Feld (Quadranten) der Fragezeichen, der „Junior-Produkte" auf, dann *müssten zumindest* Chancen am Markt bestehen – wenn auch vor dem Hintergrund der eigenen Schwächen (!) u.s.w.

„ST" („SO", „WT" und „WO") sind Kürzel für Strategie-Konzepte, wobei vermutlich niemand eine Strategie ernsthaft überlegen würde, bei der man die Schwächen (s)eines „Unternehmens" mit den Gefahren am „Markt" kombinieren würde, denn das wäre eine „Kamikaze"-Strategie, bei der man den „schnellen Tod" billigend in Kauf nehmen würde. Absurd.

1.1 Die (erweiterte) „SWOTfolio"-Analyse, Varianten 1 und 2

Abbildung 2: „SWOTfolio"-Analyse, Variante 1: „Zukunft"

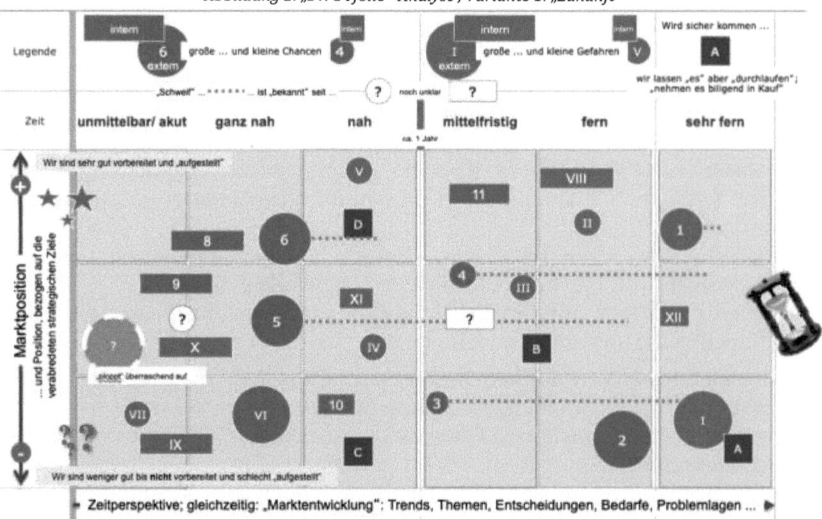

Die hier vorgestellte „SWOTfolio"-Methodik – zuerst Variante 1, die ihren Fokus auf die Zukunft legt – fasst beide noch zu beschreibenden Analyse-Konzepte („SWOT" und „Portfolio") in einem Arbeitsschritt zusammen:

_ Die **<u>horizontale</u> Achse** (*„Zeitperspektive; gleichzeitig ‚Marktentwicklung': Trends, Themen, Entscheidungen, Bedarfe, Problemlagen"*) bezieht sich zum einen auf die Zeit und zum anderen darauf, was in dieser Zeit alles passieren (z.B. Entscheidungen) oder sich entwickeln (z.B. Trends, Bedarfe) *<u>könnte</u>*, bzw. aller Voraussicht nach auch passieren bzw. sich entwickeln *<u>wird</u>* (hier scheint das **„Portfolio-Konzept"** deutlich durch).

_ Die **<u>vertikale</u> Achse** (*„Marktposition" ... und Position bezogen auf die verabredeten strategischen Ziele"*) gibt an, inwieweit das Unternehmen auf diese „Umstände" gewisser Maßen vorbereitet ist (diese Achse bezieht sich stärker auf das **„SWOT-Konzept"**).

Die (zukünftigen) „**Chancen**" (arabische Ziffern) und „**Gefahren**" (römische Ziffern) (auch dieser Teil nimmt das „SWOT-Konzept" auf) werden durch unterschiedliche geometrische Formen (auch bisweilen „Figuren" genannt) dargestellt: **„rund"** bezieht sich auf *<u>externe</u>* „Chancen" und „Gefahren", **„rechteckig"** auf *<u>interne</u>*, also dem „Unternehmen" direkt zugeordnete.

Die **Quadrate** bedeuten, dass eine Entwicklung zwar gesehen, aber nicht weiter beachtet oder verfolgt wird. Bei den eher hellfarbigen Karten ist die Entwicklung noch unklar.

Der „Schweif" (gestrichelte Linie) gibt an, wie lange die Entwicklung schon bekannt ist bzw. beobachtet wird (der bildhafte Bezug zu einem Kometen ist nicht ganz ohne Absicht, denn auch Kometen lassen sich sehr lange beobachten, ohne dass von ihnen eine Gefahr ausgeht).

Sofern der Rand der jeweiligen geometrischen Figur gestrichelt ist, soll damit ausgesagt werden, dass das Problem, die Entwicklung etc. („Gefahr") aber auch die mögliche „Chance" urplötzlich und damit überraschend aufgeploppt ist, also nicht vorherzusehen war.

Die Position der „Symbole" gibt entsprechend an, wie gut das „Unternehmen" auf die (positive wie negative) Entwicklung vorbereitet ist.

Die hell eingefärbte Fläche im Hintergrund soll eine Art „Rollkulisse" darstellen, die sich langsam aber stetig nach links bewegt. Und so kommen die Chancen aber leider auch die Gefahren immer näher ...

Variante 2 bezieht sich auf die Vergangenheit, macht also deutlich, wie das „Unternehmen" bisher mit seinen Schwächen und Stärken, bzw. den Chancen und Gefahren umgegangen ist. Daraus lässt sich in der Regel musterhaft auch ableiten, wie wohl *„in Zukunft mit der Zukunft umgegangen werden wird"*.

Das ist der „Blick zurück", der die Frage aufwirft, was schon „vorbeigezogen" ist, ohne dass die Chancen genutzt worden sind, was an Inhalten *„vor sich hindümpelt"*, was intern schon zu lange *„gärt"*, ohne dass eine Lösung in Sicht ist u.a.m.

Der Vorteil der Methode liegt darin, relativ schnell, sozusagen *„auf einen Blick"*, feststellen zu können, wie das „Unternehmen" insgesamt aufgestellt ist: Überwiegen die roten Symbole im unteren und linken Teil der Graphik, wäre Gefahr im Verzuge, überwiegen die grünen Symbole im oberen und linken Teil der Graphik, könnten sich die Beteiligten entspannt zurücklehnen, überwiegen eher dunkel gefärbte Symbole im rechten Teil der Graphik, sollte man das Umfeld und seine Entwicklung, wie auch das Unternehmen selbst, sehr genau beobachten.

In der Praxis wird eine Mischung die Regel sein, wie verschiedene Beispiele aus der Praxis immer wiedeer bestätigen.

Es ist also nicht immer ganz einfach zu entscheiden, wohin man perspektivisch schaut: Auf die politischen, kulturellen, gesellschaftlichen, wissenschaftlichen, technologischen, normativ-rechtlichen ... Trends, **oder** auf die Bedarfe (weniger auf die Bedürfnisse, denn Bedürfnisse sind sehr flüchtig und wandeln sich schnell), **oder** auf die der sog. „Stakeholder" (Bürger, Patienten, Klienten, Mandanten, Probanden und deren Angehörige, auf Politiker, Lieferanten ...), **oder** auf die „Konkurrenten", **oder** auf die „Eigner" („Shareholder"), **oder** auf die „Öffentliche Meinung" (die ja nicht ganz unerheblich für das eigene Image ist und von der BERT BRECHT einmal gesagt hat, dass es Zeiten gäbe, in denen die Öffentliche Meinung die schlechteste aller Meinungen wäre), **oder** auf die Medien, **oder** auf die Rechtsprechung, **oder** auch – noch ganz anders –, nach innen, auf das Personal, auf die Prozesse, auf die Strukturen u.ä.m.

Etwas flapsig ausgedrückt, könnte man in typisch englischer Gelassenheit sagen: *„It depends on".* Es gibt in dieser Frage keinen Königsweg, sondern jedeR muss seinen eigenen Weg finden.

Abbildung 3: „SWOTfolio"-Analyse, Variante 1: „Vergangenheit"

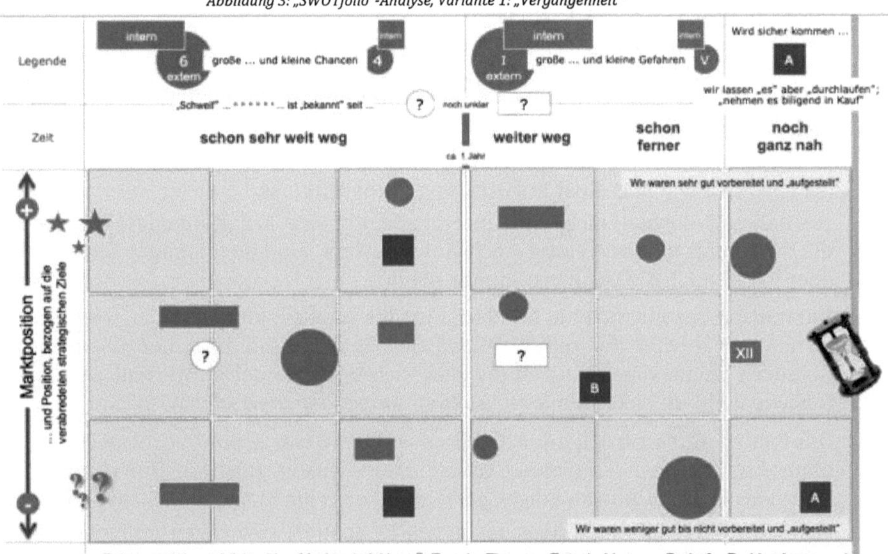

1.2 Praktische Hinweise für die Vorbereitung einer „SWOTfolio"-Analyse

Abbildung 4: „SWOTfolio"-Analyse, praktisches Beispiel

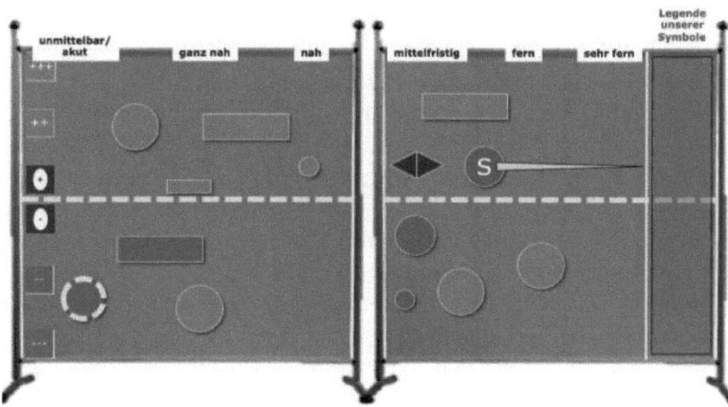

(1) Besorgen Sie sich zwei dieser üblichen Stellwände für Moderationen, stellen Sie diese nebeneinander und ziehen Sie oder kleben Sie (z.B. mit Tesakrepp-Band) eine waagerechte Linie wie in der Abbildung (4) zu sehen, um die Tafeln damit in eine obere und untere Hälfte zu (unter-)teilen.

(2) Anschließend „bestücken" Sie diese Tafeln mit den von Ihnen entwickelten Symbolen (eine Auswahl von typischen finden Sie jeweils im oberen Bereich der Abbildungen 2 und 3).

Ihrer Phantasie sind dabei keine Grenzen gesetzt (der Doppelpfeil rechts, mittig, ist z.B. die Idee eines kleineren Start-Up-Unternehmens gewesen, das damit etwas deutlich machen wollte: *«Mittelfristig wird sich die ‚Tür eines besonderen Bedarfs' in unserem Metier öffnen, aber sie wird sich auch sehr schnell wieder schließen, wenn wir nicht aufpassen!»*), solange gewährleistet ist, dass alle Beteiligten auf den ersten Blick erkennen können, was genau gemeint ist.

Diese besondere Form der unmittelbaren Visualisierung ist sozusagen das *„Pfund, mit dem Sie wuchern können"*: Durch die damit gegebene Möglichkeit des gemeinsamen Blicks auf das Ganze ist ein zielführendes Ergebnis Ihrer Strategiediskussion überhaupt erst, zumindest aber sehr viel schneller und besser validiert möglich. Vergessen Sie nicht, die von Ihnen verwendeten Symbole rechts noch einmal zu listen, damit niemand den Überblick verliert.

(3) Die Positionierung der Symbole und das Gespräch darüber bedarf der Moderation und der Beachtung von mitteleuropäisch üblichen Verkehrsformen der Höflichkeit, des Respekts und des konstruktiven Umgangs mit Interessenskonflikten, die ja ganz normal sind! Es gibt hier keinen „Königsweg – wie nun schon mehrfach erwähnt – nur die innere Verpflichtung aller zum Dialog (s.o.)!

2. Kapitel: Grundlagen I; Die „SWOT[5]-Analyse"

„Zusammenfassung und Zweck" («Z&Z») des Kapitels (für den eiligen Leser, die eilige Leserin die zentralen Aspekte, die Kernpunkte):

In diesem Kapitel wird die Systematik vorgestellt, die (Hinter-) Gründe, Absichten, die Systematik, das Verfahren und die Vorgehensweise der **„SWOT-Analyse"**.

„Die „Stärken-Schwächen-Chancen-Risiken-Analyse" (so die deutsche Übersetzung) stellt eine Positionierungsanalyse der eigenen Aktivitäten gegenüber dem Wettbewerb dar. In dem ihr zugrunde liegenden Arbeitsverfahren, werden die Ergebnisse der externen Unternehmens-Umfeld-Analyse in Form eines Chancen-Risiken-Katalogs zunächst zusammengestellt und dem Stärken-Schwächen-Profil der internen Unternehmensanalyse gegenübergestellt.

In einem weiteren Schritt werden die jeweiligen Überschneidungen gefiltert, die dann in der jeweiligen SWOT-Matrix zur Darstellung gelangen. Die SWOT-Matrix zeigt die weiter ausbaufähigen Chancen auf, konkretisiert die Gefährdungen, gegen die sich die Unternehmung zur Nutzung ihrer Stärken absichern sollte, als auch diejenigen Schwächen, die in der gleichen Absicht aufgeholt werden sollten.

Schließlich deckt sie auch diejenigen Risiken auf, die es doppelt zu meiden gilt, da gerade in ihnen die internen Schwächen der Unternehmung mit den externen Risiken des Umfeldes zu einer doppelt gefährlichen Deckung kommen."

(in: Gabler-Wirtschaftslexikon; unter: www.wirtschaftslexikon.gabler.de)

Im Kern geht es, sehr vereinfacht ausgedrückt, um zwei Fragen:

1. Welche Stärken und Schwächen haben wir?
   und:
2. Wie wirken sich diese, bezogen auf das, was am Markt, im Umfeld ... an Chancen oder Gefahren auf uns zukommt, aus?

Abbildung 5: Grundprinzip einer „SWOT-Analyse"

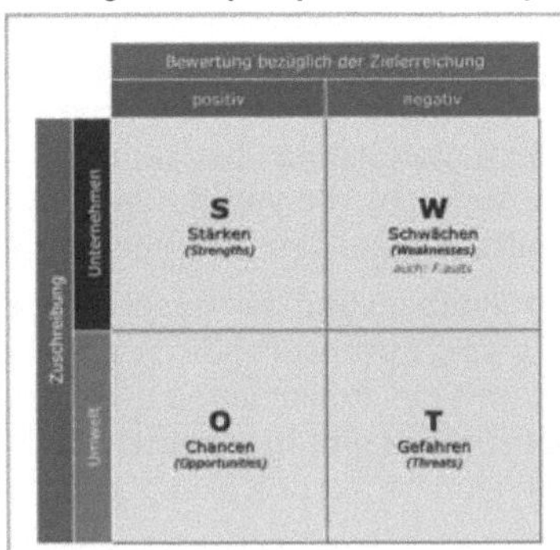

[5] Siehe Fußnote 1 auf Seite 5.

Kaum eine andere Analysemethode hat es weltweit zu einer derartigen Verbreitung wie die „SWOT-Analyse“ gebracht. Das hat gute Gründe und hängt, wie bei der „Portfolio-Analyse“, mit der relativ einfachen Handhabung zusammen, aber auch mit der Tatsache, dass die „SWOT-Analyse“ ebenso gut auch auf andere soziale Systeme (Wirtschaftsregionen, Profit-Center in Unternehmen) und natürlich auch auf (strategische) Pläne, Produkte oder Personen anwendbar ist. Auch hier unterscheidet sie sich prinzipiell nicht von der „Portfolio-Analyse“ (s.a. deshalb deren verschiedene Varianten ab Seite 34).

„Die SWOT-Analyse als Versuch der strategischen Unternehmensführung, die beiden Blickrichtungen des nach Innen und des nach außen zu kombinieren, erstellt eine Diagnose des Systems „Unternehmen“ zum einen und seiner „Umwelt“ zum anderen, um daraus entsprechende Optionen abzuleiten.

Am Beginn steht dabei die Frage nach jüngsten Erfolgen und Misserfolgen bzw. deren Ursachen. Letztere sollen helfen, bisherige Stärken, Schwächen, Chancen und Gefahren aufzudecken. In weiterer Folge geht es jedoch darum, die Zukunft zu antizipieren (und hier lässt sich die SWOT-Analyse hervorragend mit der Portfolio-Analyse verknüpfen!).

Die möglichen Wege zu den Analyseergebnissen sind dabei vielfältig: Sie reichen vom individuellen Brainstorming und von Kreativitätstechniken in Gruppen über die Sekundärforschung („Desk-Research“[6]) bis hin zu aufwendigen Primärerhebungen am Markt.

Stets ist im Rahmen des Projekt-Setups über den geeigneten Mix zu entscheiden. Dieser ist abhängig von den konkreten Untersuchungssubjekten und -objekten, das heißt: der beabsichtigten Breite und Tiefe der Analyse (z.B. ein Management-Team analysiert ein Profit-Center).

Erforderlich sind zudem eine klare Abgrenzung des Untersuchungsgegenstandes vorab (z.B. Profit-Center und nicht Gesamtunternehmen) sowie eine Klärung der geeigneten Dimensionen der internen und externen Analyse (z.B. Produkte, Prozesse, Mitarbeiter-Know-how, Kundenbedürfnisse, Branchenstruktur etc.).

---

[6] Die **Sekundärforschung** (auch Sekundäre Marktforschung, Sekundärerhebung, engl. *„Desk Research“*) ist eine Methode der Marktforschung und bedient sich zur Gewinnung von Marktinformationen im Gegensatz zur Primärforschung an bereits vorhandenen Informationsquellen. Sekundärforschung ist die Beschaffung, Verarbeitung und Interpretation von bereits existierendem Datenmaterial. Vorteile der Sekundärforschung sind i.d.R. die schnelle und kostengünstige Informationsbeschaffung, Aufwandsminimierung (insbesondere bei alternativ umfangreichen Eigenerhebungen und Auswertungen, z. B. bezüglich Statistiken über Bevölkerungsbewegungen oder Daten der volkswirtschaftlichen Gesamtrechnung) und Erleichterung bei der Interpretation und Beurteilung von Primärdaten. Probleme der Sekundärforschung werden besonders in der schnell überholten Aktualität des Datenmaterials, in der Fortschreibung eventueller Erhebungs- und Auswertungsmängel sowie in der fehlenden Problemkompatibilität gesehen. Die Sekundärforschung bedient sich unternehmensinterner und unternehmensexterner Informationsquellen.

Unternehmensinterne Informationsquellen stehen z.B. in Form von Umsatz- oder Absatzstatistiken (z.B. Mitarbeiter, Auftrag, Produkt, Produktgruppe, Produktfamilie, Kunden geordnet nach Kundengrößenklassen, Verkaufsgebieten, Regionen, Ländern), der Kostenrechnung (z.B. Kostenarten, Kostenstellen, Deckungsbeiträge nach Produkten, Produktgruppen) u.a. Statistiken zu Anfragen und Angeboten, Auftragseingängen, Reklama-tionen zur Verfügung. Unternehmensexterne Informationsquellen sind z.B. statistische Jahrbücher, nationale und internationale Datenbanken, Verbandsstatistiken, Geschäftsberichte, Bücher und Zeitschriften u.v.a.m..

Die Möglichkeiten sind dabei fast unbegrenzt. So wäre es z.B. auch durchaus möglich, eine interne Dienstleistungsabteilung eines Unternehmens (Personalwesen, Controlling, Beschaffung etc.) vor dem Hintergrund zu untersuchen, inwieweit sie die Bedarfe („Ergebnisqualität") und Bedürfnisse („Erlebnisqualität") ihrer (internen!) „Kunden" befriedigt und inwieweit sie sich auch von den Stärken anderer Anbieter positiv oder negativ unterscheidet." (REINBACHER, ebd. S. 73)

2.1: Auch die SWOT-Analyse hat, wie die „Portfolio-Analyse", ihre Schwächen:

Weder Stärken oder Schwächen noch Chancen oder Gefahren sind in irgendeiner Form gegeben, sondern letzten Ende „Konstruktionen" derer, die diese Einschätzungen mitteilen, also von deren sehr individuellen und durch eigene Interessen geprägte Sichtweise auf die Dinge abhängig.

Ich kann deshalb nur raten, gerade auch bei den Fragen der Chancen und Gefahren (am Markt) *„Sekundärforschung"* (s. FN 6) intensiv zu betreiben oder betreiben zu lassen.

Und natürlich sind auch die Bewertungen eigener Stärken und Schwächen des „Unternehmens" kontextabhängig und noch viel mehr abhängig von den Interessen der Bewertenden, die sich ja selbst und ihre Leistungen nicht so gerne abwerten („Schwächen") möchten.

„Die SWOT-Analyse beruht auf einem (scheinbar) einfachen Prinzip, nämlich der Gegenüberstellung interner und externer Aspekte einer Organisation. Auf den zweiten Blick erweist sich die klassische Methode jedoch nicht nur als anspruchsvoll in ihrem Einsatz, sondern auch als voraussetzungsvoll in ihren Prämissen: Stärken und Schwächen, Chancen und Gefahren sind keine Gegebenheiten, die kontextfrei oder unabhängig voneinander bestimmt werden können.
Sie verweisen vielmehr aufeinander, sind beobachterabhängige Zuschreibungen (zu System oder Umwelt), und sie stellen (vor dem Hintergrund bestimmter Ziele) bewertete Eigenschaften bzw. Muster dar.
Damit eröffnen sich aber nicht zuletzt neue Möglichkeiten, sofern die impliziten Unterscheidungen (intern/ extern, hilfreich/hinderlich etc.) offengelegt, hinterfragt bzw. reflektiert werden.
Dies wiederum zeigt, dass prinzipielle Einfachheit in der Lage ist, ausreichende Komplexität für den Umgang mit Komplexität aufzubauen." (REINBACHER, ebd. S. 76)

Das *„auf den ersten Blick einfache Prinzip"* der SWOT-Analyse ist dann im unmittelbaren „Doing" (wie es Neudeutsch so schön heißt) doch nicht so einfach und so lässt sich das Prinzip auch hier am besten mit einiges praktischen Beispielen erklären:

Abbildung 6: „SWOT"; IT-Branche; Produktidee: Internet im PKW, Quelle: unbekannt, eigene Darstellung

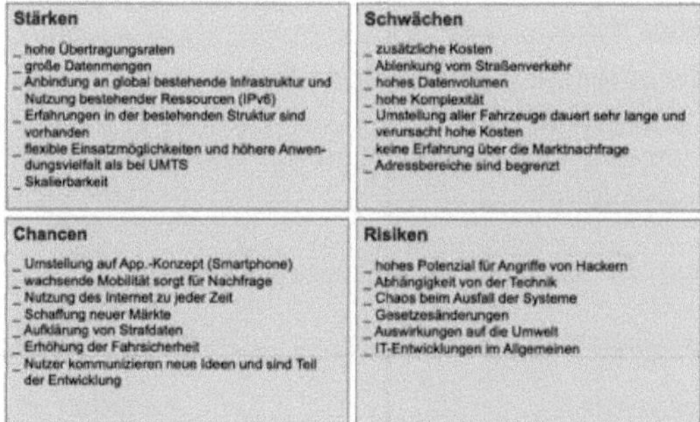

Stärken	Schwächen
_ hohe Übertragungsraten _ große Datenmengen _ Anbindung an global bestehende Infrastruktur und Nutzung bestehender Ressourcen (IPv6) _ Erfahrungen in der bestehenden Struktur sind vorhanden _ flexible Einsatzmöglichkeiten und höhere Anwendungsvielfalt als bei UMTS _ Skalierbarkeit	_ zusätzliche Kosten _ Ablenkung vom Straßenverkehr _ hohes Datenvolumen _ hohe Komplexität _ Umstellung aller Fahrzeuge dauert sehr lange und verursacht hohe Kosten _ keine Erfahrung über die Marktnachfrage _ Adressbereiche sind begrenzt
Chancen	**Risiken**
_ Umstellung auf App.-Konzept (Smartphone) _ wachsende Mobilität sorgt für Nachfrage _ Nutzung des Internet zu jeder Zeit _ Schaffung neuer Märkte _ Aufklärung von Strafdaten _ Erhöhung der Fahrsicherheit _ Nutzer kommunizieren neue Ideen und sind Teil der Entwicklung	_ hohes Potenzial für Angriffe von Hackern _ Abhängigkeit von der Technik _ Chaos beim Ausfall der Systeme _ Gesetzesänderungen _ Auswirkungen auf die Umwelt _ IT-Entwicklungen im Allgemeinen

Abbildung 7: „SWOT"; PKW-Branche; Allgemeine Situation im Premium-Sektor in Deutschland,
Quelle: unbekannt, eigene Darstellung

Stärken	Schwächen
_ kurze Entscheidungswege _ straffe Führung _ Flexibilität _ Zuverlässigkeit _ Problemlösungskompetenz _ vorhandenes technisches Know-how _ Technologieführer _ Loyalität zu Kunden _ innovativ _ exzellente Qualität	_ geographische Lage und Standorte des Unternehmens _ Befriedigung lokaler logistischer Kundenbedürfnisse _ Preis _ Personengebundenheit als Risiko
Chancen	**Risiken**
_ starkes Wachstum in den besetzten Nischenfeldern _ relativ hohe Eintrittsbarrieren am Nischenmarkt für Mitbewerber _ Markteintritt Asiens als lukrative Option _ Übernahme von Wettbewerbern, die dem starken Preisdruck nicht gewachsen sind	_ Eintritt von neuen Playern aus Billiglohnländern _ Nachfragesituation in der Automobilindustrie _ Preisverfall aufgrund der Verhandlungsposition der Abnehmer _ konjunkturelles Umfeld

Diese Analysen lassen sich nun relativ leicht mit strategischen Überlegungen verbinden:

Abbildung 8: „SWOT", in Verbindung mit strategischen Maßnahmen

	Risiken / Gefahren (T.)	Chancen / Gelegenheiten (O.)
	_ Teile der heimischen Holzkette werden zunehmend ins Ausland verlagert _ Merkmale und Eigenheiten der Wertschöpfungskette „Eiche" sind relativ unbekannt _ Überangebot mittlerer und schlechter Qualität	_ Symbolgehalt und Faszination der Baumart „Eiche" und große Nachfrage _ starkes Interesse der Öffentlichkeit am Naturschutz _ besonders gute technologische Möglichkeiten
Stärken (S.) _ starke Motivation von Forstdienst und Naturschutzorganisationen _ großer institutioneller Rückhalt in der Verwaltung _ breite Produktpalette	**Maßnahmen (S.-T.)** _ verbessertes Produktmarketing unter besonderer Berücksichtigung von Nischenmärkten	**Maßnahmen (S.-O.)** _ mögliche Synergien innerhalb der Wertschöpfungskette nutzen _ produktbezogenes Marketingkonzept entwickeln _ das PR-Potenzial der „Eiche" nutzen
Schwächen (W.) _ natürliche Ressource „Eiche" gefährdet _ Know-how begrenzt _ hohe Anfangsinvestitionen _ Produktion mit hohem Anteil schlechter Qualität	**Maßnahmen (W.-T.)** _ Entwicklung von kostengünstigen Verfahren zur Bestandsbegründung und Pflege _ Förderung innovativer Produktentwicklung _ Kenntnisse über die Wertschöpfungskette verbessern; Transparenz erhöhen _ Zusammenarbeit verbessern	**Maßnahmen (W.-O.)** _ quantitative und qualitative Sicherung der Ressourcen und Bewirtschaftung _ Thema „Eiche" in der Lehre verankern _ Qualitätswaldbau fördern _ Beratung der Forstpraxis sicherstellen _ Integration des Naturschutzes

Im Beispiel geht es um die Produktions- und Absatzmöglichkeiten von Vollholzmöbeln in deutscher Eiche.

Dabei werden die offenkundigen „Stärken" und „Schwächen" des „Unternehmens" in Beziehung zu den „Chancen" („Gelegenheiten") und „Gefahren" („Risiken") am Markt gesetzt, um anschließend die am besten geeigneten Strategien und Maßnahmen abzuleiten.

2.2 Entwicklungsphasen einer SWOT-Analyse

Abbildung 9: Entwicklungsphasen einer „SWOT-Analyse" – mit Zuordnung der jeweils Verantwortlichen

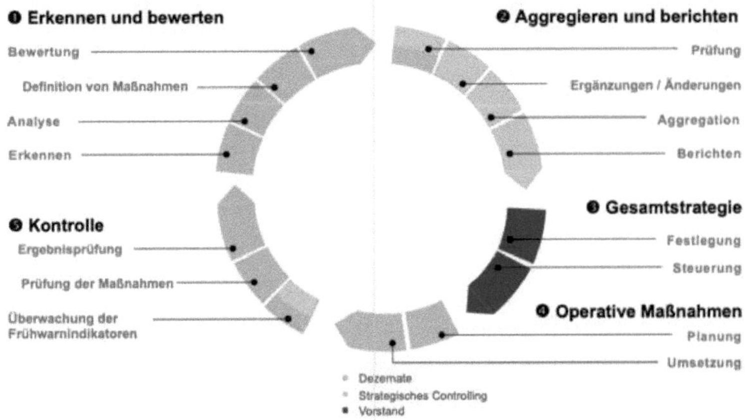

3. Kapitel: Grundlagen II; Die „Portfolio-Analyse"

„Zusammenfassung und Zweck" («Z&Z») des Kapitels (für den eiligen Leser, die eilige Leserin die zentralen Aspekte, die Kernpunkte):

In diesem Kapitel wird die Systematik vorgestellt, die (Hinter-) Gründe, Absichten, die Systematik, das Verfahren und die Vorgehensweise der **„Portfolio-Analyse"** vorgestellt.

„Die Portfoliotechnik ist eine Methode zur Visualisierung und Bewertung einer Menge von gleichartigen Objekten (z.B. Produkten, Projekten, Standorten, Aufgaben u.v.m.) in zwei frei definierbaren Dimensionen, die ein Achsenkreuz aufspannen. Jedes Objekt wird nach diesen beiden Dimensionen bewertet und als Kreis-Symbol in das Koordinatensystem eingetragen. Größe und Farbe der Kreise können weitere Parameter visualisieren. Aus Lage und Größe der Objekte innerhalb der vier Quadranten lassen sich Normempfehlungen ableiten."

(www.projektmagazin.de)

Es gibt viele verschiedene Portfolio-Analysen. Die beiden wichtigsten „Portfolios" sind das *„Marktanteils- und Marktwachstums-Portfolio (Vier-Felder-Matrix)"* der BOSTON CONSULTING GROUP, das nachfolgend ausführlich beschrieben wird, und das *„Marktattraktivitäts- und Wettbewerbsstärken-Portfolio (Neun-Felder-Matrix)"* nach MCKINSEY. Die bekannteste, inzwischen weltweit anerkannte und vieltausendfach bewährte ist die 1970 vom Gründer der BOSTON-CONSULTING-GROUP, BRUCE HENDERSON entwickelte und vertriebene zuerst genannte „Portfolio-Methode" als Grundlage einer Diskussion um die mögliche Strategie eines „Unternehmens" - vor dem Hintergrund einer Analyse a) der möglichen (!) Marktentwicklung und b) der eigenen Marktposition im Vergleich z.B. mit den Positionen der „Konkurrenten" („Mitbewerber").

Sie besticht durch ihre Praktikabilität, durch ihre Einfachheit, durch die Schnelligkeit der Erstellung – ohne besonderen Aufwand immer wieder zu bestimmten Zeiten – und durch ihr konsequentes Konzept der Visualisierung.

Kritisiert wird – nicht völlig zu Unrecht –

- die fehlende **Validität** („Gültigkeit"; wird eigentlich „wirklich" das betrachtet/ gemessen, was betrachtet werden soll(te)?),
- die eingeschränkte **Reliabilität** („Reproduzierbarkeit der Ergebnisse unter gleichen Bedingungen"; ist also das Ergebnis der Betrachtung eine Woche später immer noch dasselbe?) und
- die schwierige Frage der **Objektivität**, denn die Betrachter haben natürlich bewusst und unbewusst Interessen, die sie bei ihrer Einschätzung/ Bewertung leiten bzw. beeinflussen; ich komme auf diese besondere Einschränkung, die für alle Analysemethoden immanent sind, noch mehrfach zurück, denn hier liegt u.a. der Hebel für eine gelungene **Strategieentwicklung** („Soll"), denn darum geht es ja letzten Endes – und nicht in erster Linie nur um eine Diagnose , so wichtig diese auch ist!

Gleichwohl hat die Methode einen unbestrittenen Vorteil, weil durch das schon genannte *„ausgefeilte Konzept der Visualisierung“,* im Grundsatz ja, wie leicht vorstellbar, eher schwierige Diskussionen um die zukünftige Strategie eines „Unternehmens“ deutlich erleichtert werden: Alle sehen alle Ergebnisse immer und niemand kann sich hinter (s)einem Wortschwall verstecken.

In „Unternehmen“ der überdies vornehmlich personenbezogenen „Sozialwirtschaft“ wird die Methodik dennoch kritisch gesehen, weil die Art der Betrachtung sehr betriebswirtschaftlich geprägt anmutet und weil z.B. auch im Feld „Sozialer Arbeit“ insgesamt (Jugendhilfe, Behindertenhilfe, Hilfen für psychisch Kranke ...) i.d.R. kein „Markt“ existiert (s.u.). Ein „Hauch“ einer Veränderung gesetzlicher Vorgaben und/ oder eine neue Leitung in den zuständigen Ämtern kann das ganze System verändern und damit jedwede Planung obsolet machen.

Auch deswegen kommt es auf das Ergebnis m.E. gar nicht so sehr an; entscheidend ist vielmehr der offen und ehrlich geführte Diskurs der Beteiligten zu den üblichen/ einschlägigen Fragen der „Portfolio-Analyse“ (s.u.).

Und dazu bietet sie in hervorragender Form Unterstützung und Anleitung!

3.1: Exkurs – Die grundsätzlichen Schwierigkeiten von Prognosen

„Es ist immer sehr schwierig, Prognosen anzustellen; insbesondere dann, wenn sie die Zukunft betreffen.“

Bei dieser Aussage ist nicht ganz klar, von wem sie stammt. Man schreibt sie dem Humoristen KARL VALENTIN, dem Schriftsteller MARK TWAIN oder dem Naturwissenschaftler und Nobelpreisträger NIELS BOHR zu.

(Es sei, wie es sei. Im Internet gibt es eine große Anzahl von sehr vergnüglichen Seiten zu den größten Irrtümern und Fehlprognosen unserer Zeit und auch ein Buch dazu (s. **Literaturliste**). Nachfolgend eine Aufstellung zu den „bedeutendsten“ Irrtümern und Fehlprognosen:

Und dazu eine wichtige Anmerkung: Auch Statistiken, Kennzahlen u.ä. sind im Übrigen i.d.R. nie nur „berechnet“, sondern meistens auch „berechnend“, verfolgen also spezielle und ganz eigene Ziele derer, die die Daten veröffentlichen und somit auf ihre Weise funktionalisieren!)

3.1.1 Daher: Berühmte Irrtümer und Fehlprognosen unserer Zeit

„Suchen Sie sich lieber wieder einen Job. Von Kinderbüchern allein können Sie Ihren Lebensunterhalt nicht bestreiten.“	Kinderbuch-Verleger BARRY CUNNINGHAM	Antwort an JOANNE K. ROWLING vor der Veröffentlichung ihres ersten Harry Potter Romans.
„Sie haben einen unmöglichen Sound. Mit Gitarren besetzte Gruppen haben absolut keine Zukunft.“	Schallplattenfirma DECCA RECORDS	Antwort an BRIAN EPSTEIN, den Manager der BEATLES, 1962
„Wenn die Weltausstellung in Paris zu Ende geht, wird man nie wieder etwas vom elektrischen Licht hören.“	Der britische Chirurg SIR ERASMUS WILSON	1878 zur Vorstellung der Glühbirne auf der Weltausstellung.

„Denn eins ist sicher: die Rente."	Dr. Norbert Blüm	Der damalige und 2020 mit 84 Jahren verstorbene Bundesminister für Arbeit und Soziales beklebte 1986 Wahlkampfplakate der CDU (mit eben dieser Behauptung) und wiederholte seine Aussage während einer Bundestagsrede 1995.
„Uns wird das nicht passieren. Wir schaffen das."	Bundestrainer Joachim Löw	Am 17. Juni 2018 (nach dem verlorenen Spiel der DFB-Elf gegen Mexiko) auf die Frage, ob Deutschland bereits in der Vorrunde der WM 2018 scheitern wird.
„Wir sind 60 Jahre ohne Fernsehen ausgekommen und werden es weitere 60 Jahre tun."	Avery Brundage, Präsident des Internationalen Olympischen Komitees	1960
„Jede Frau hat Angst vor Mäusen, daher kann es kein Erfolg werden."	Louis B. Mayer, der Chef von Metro-Goldwyn-Mayer	1928 vor der Kinopremiere von Mickey Mouse.
„Made in Germany"	Kennzeichnung auf – in England angebotene – deutsche Produkte.	Von den Engländern 1887 als Zeichen für qualitativ minderwertige Ware aus Deutschland initiiert, um den deutschen Importen zu schaden.
„Die Erde ist eine Scheibe."	Ein Volksglaube, der sich bis ins Mittelalter hielt.	Dabei wusste schon der griechische Philosoph Aristoteles 350 v. Chr., dass die Erde eine Kugelform hat.
„640 KB sollten genug für jedermann sein."	Bill Gates, Gründer von Microsoft	Er irrte sich 1981 zum ersten Mal.
„Das Spam-Problem wird in zwei Jahren Geschichte sein."	Bill Gates, Multi-Milliardär	Und 2004 zum zweiten Mal.
„Ich denke, dass es einen Weltmarkt für vielleicht 5 Computer gibt."	Thomas Watson, Chef bei IBM	1943
„Also gingen wir zu Atari und sagten, Hey, wir haben dieses erstaunliche Ding sogar aus einigen Ihrer Teile zusammengebaut, was halten Sie davon, uns zu finanzie-		

ren? Und Sie sagten NEIN. Dann gingen wir zu Hewlett-Packard, und sie sagten: Wir brauchen Sie nicht, Sie haben das College noch nicht abgeschlossen."	ATARI und HP	Absage an STEVE JOBS und STEVE WOZNIAK, APPLE-Gründer
„Es gibt nichts Neues mehr. Alles, was man erfinden kann, ist schon erfunden worden."	CHARLES H. DUELL, US-Patentamt	1899
„Dieses Telefon hat einfach zu viele Mängel, als dass man es für Zwecke der Kommunikation einsetzen könnte. Das Gerät ist wertlos für uns."	WESTERN UNION	1876, aus internen Papieren der Western Union zur Erfindung des Telefons.
„Nach Öl bohren? Sie meinen Löcher in die Erde bohren und hoffen, dass Öl rauskommt? Sind Sie verrückt?"	Ein Banker, der dazu aufgefordert wurde, eine der ersten Ölbohrungen in den USA zu finanzieren.	19. Jahrhundert
„Die drahtlose Musikbox hat keinen denkbaren kommerziellen Wert. Wer würde für eine Nachricht bezahlen, die zu niemanden direkt gesendet wird?"	DAVID SARNOFF'S Rückmeldung zur Investition in das Radio.	1920er Jahre
„Die Zuschauer müssen sitzen bleiben und den Bildschirm im Auge behalten. Dafür hat die amerikanische Durchschnittsfamilie keine Zeit."	Kritik der NEW YORK TIMES zum ersten Fernseher, der auf der Weltausstellung vorgestellt wird.	1939
„Du hast kein Talent. Es macht keinen Sinn, dich weiter zu unterrichten."	Klavierlehrerin des späteren Starpianisten LANG LANG.	Nach einer Klavierstunde 1989 als LANG LANG (*1982) gerade einmal 9 Jahre alt war. Lang Lang spielt rund 130 Konzerte jährlich und hat deshalb seine Finger für 30 Millionen Euro versichern lassen.
„Kein Ballon oder Flugzeug wird jemals einen praktischen Nutzen haben."	Der englische Physiker und Präsident der Royal Society, WILLIAM THOMASON LORD KELVIN.	1902 in einem Zeitungsinterview
„Computer sind absolut nutzlos. Sie können nur Antworten geben."	Der spanische Maler PABLO PICASSO.	Er hatte 1946 große Zweifel an Computern.
„Die E-Mail ist ein Produkt, dass	Unternehmensgründer und	Er lag 1979 mit seiner Ein-

man absolut nicht verkaufen kann."	angesehener Programmierer IAN SHARP	schätzung gründlich daneben.
„Die Mauer wird in 50 und auch in 100 Jahren noch bestehen bleiben."	ERICH HONECKER, Vorsitzender des Staatsrats der DDR	Im Januar 1989, also rund 10 Monate vor dem Mauerfall
„Der Fernseher wird sich auf dem Markt nicht durchsetzen. Die Menschen werden sehr bald müde sein, jeden Abend auf eine Sperrholzkiste zu starren."	DARRYL F. ZANUCK, Chef der Filmgesellschaft 20TH CENTURY-FOX	1946
„Die weltweite Nachfrage nach Kraftfahrzeugen wird eine Million nicht überschreiten – allein schon aus Mangel an verfügbaren Chauffeuren."	GOTTLIEB DAIMLER, der Erfinder des Automobils	1901
„Das Pferd wird es immer geben, Automobile hingegen sind lediglich eine vorübergehende Modeerscheinung."	Der Präsident der MICHIGAN SAVINGS BANK	1903
„Flugzeuge sind interessant, haben aber keinerlei militärischen Wert."	Marschall FERDINAND FOCH, ein französischer Militärstratege	1911
„Wer braucht eigentlich diese Silberscheibe?"	JAN TIMMER, Phillips-Vorstand	1982 über die Zukunft der CD (Compact Disc)
Wie, bitte, soll ein Schiff gegen Wind und Strömung segeln? Mit einem Feuer unter Deck? Für solchen Unsinn habe ich keine Zeit."	NAPOLEON BONAPARTE	1803 zum US-amerikanischen Ingenieur ROBERT FULTON, der ihn um Geld zum Bau seiner Erfindung, dampfbetriebene Kriegsschiffe, bat.
„Das ist Unsinn. Die Atombombe wird niemals detonieren und das sage ich als Sprengstoffexperte."	Admiral WILLIAM LEAHY zu US Präsident HARRY S. TRUMAN	Im Januar 1945, also rund 8 Monate vor dem Abwurf auf Hiroshima und Nagasaki. Leider lag er mit seiner Aussage falsch.
„Meine Erfindung wird Kriege unmöglich machen."	SIR HIRAM MAXIM (1840-1916)	Der Erfinder um 1910 über sein gebautes Maxim-Maschinengewehr mit 500 Schuss pro Minute.

„Rock'n Roll? Im Juni wird er verschwunden sein."	VARIETE MAGAZINE	Januar 1955
„Kino ist nur eine Modeerscheinung. Es ist ein Drama in der Dose. Was die Leute sehen wollen, ist Fleisch und Blut auf der Bühne."	Der junge Komiker CHARLIE CHAPLIN (1889-1977)	1916
„Der Bauch, die Brust und das Gehirn werden dem Chirurgen für immer verschlossen bleiben."	SIR JOHN ERIC ERICKSEN, englischer Chirurg und Leibarzt von QUEEN VICTORIA.	Im 19. Jahrhundert
„Eine Rakete wird nie in der Lage sein, die Erdatmosphäre zu verlassen."	Aus der NEW YORK TIMES.	Im Jahr 1936. Knapp 20 Jahre später (1957) flog eine russische R-7 erstmals außerhalb der Atmosphäre.
„Röntgenstrahlen werden sich als Schwindel erweisen."	WILLIAM THOMASON LORD KELVIN, Präsident der Royal Society	1883
„Bis zum Mittag werden wir die Preußen geschlagen haben."	NAPOLEON BONAPARTE	Am 18. Juni 1815, kurz vor seiner größten Niederlage in der Schlacht bei WATERLOO die er mit hohen Verlusten verlor.
„Wer, zum Teufel, will denn Schauspieler sprechen hören?"	HARRY M. WARNER, Chef von WARNER BROTHERS.	1927 zur Erfindung des Tonfilms.
„Schon in naher Zukunft werden wir mit superschnellen Luftkissenautos, die 300 bis 800 km/h schnell sind, unterwegs sein."	Ford-Vizepräsident ANDREW KUCHER	1958
„Zur Jahrhundertwende werden wir in einer papierlosen Gesellschaft leben."	ROGER BONHAM SMITH, Vorstandsvorsitzender von General Motors.	1986
„Das Internet wird nicht mehr Einfluss auf die Wirtschaft haben, als das Faxgerät."	Nobelpreisträger und Wirtschaftssexperte PAUL KRUGMAN	1998
„Das iPhone wird niemals ein Erfolg."	STEVE BALLMER, damaliger Chef von Microsoft.	Kurz vor der Premiere des ersten iPhones im Juni 2007.

„Dass selbst Experten sich ab und zu irren, hat Feuilleton-HERAUSGEBER JÜRGEN KAUBE heute in einem Beitrag über den Virologen CHRISTIAN DROSTEN beschrieben.

DROSTEN ist in den vergangenen Wochen mit seinem Podcast zum Coronavirus zu so etwas wie dem „Maßstab für Wissenschaftskommunikation" geworden.

Aber auch er hat schon falsch gelegen, etwa mit seiner Vermutung vom 28. Februar, es gebe womöglich in vielen Ländern Europas nur hier und da einen Fall und das Virus komme erst wieder über Asien und den Mittleren Osten im Sommer nach Europa zurück. ‚Zwei Wochen später war das ein großer Irrtum', schreibt Kaube. ‚Was deutlich zeigt, in welcher Situation sich die Wissenschaft befindet. Für sie selbst ist Irrtumsanfälligkeit der Normalzustand.' Entsprechend abwägend äußern sich Wissenschaftler wie DROSTEN, sichern ihre Formulierungen häufig mit Worten wie ‚jedoch', ‚trotzdem', ‚im Trend' und ‚wahrscheinlich' ab. Die Aufgabe der Wissenschaftskommunikation, schreibt KAUBE, sei im Grunde eine doppelte: ‚Beschreibung der Erkenntnisse und Bekämpfung der Vorurteile.'" (FELIX HOOS am 17.04.2020 in: FAZ. NET)

Das erste und letzte Zitat von TWAIN oder ... und HOOS und die lange Liste machen sehr deutlich, wo das erste von **vier zentralen Dilemmata** der „Portfolio-Analyse" liegt: (1) Wer kann schon verlässlich die Zukunft, die wahrscheinliche Entwicklung, zumal eines „Marktes", voraussagen, denn Märkte insbesondere sind an sich schon überaus „volatil" (in ihrer Entwicklung „flüchtig"), ihre Wechselwirksamkeiten („Interdependenzen") sind durch die Besonderheit ihrer „K.om-plexität" weitgehend „unbekannt" und das Ganze ist dann auch noch doppel- und/ oder sogar mehrdeutig (sog. „Ambiguität").[7]

Hinzu kommt (2), dass, wie oben schon kurz erwähnt, im besonderen Feld der Sozialen Arbeit, als überwiegend personenbezogener Dienstleistung der sog. Markt bestenfalls ein geregelter Markt, also ein – vom Staat – *„geregeltes Leistungsgeschehen"* ist und insofern extrem abhängig von politischen und rechtlichen „Regelungen" jeder Art, so dass sich noch sehr viel weniger als in anderen Branchen, die z.B. von Angebot und Nachfrage zumindest mitbestimmt werden, voraussehen und voraussagen lässt.

Auffällig ist auch (3), dass bei anstehenden, weil *„not-wendigen" („um die Not (ab-) zu wenden")* Veränderungsprozessen (und nur dann werden in der Regel Strategien besprochen) die Zukunft rosiger gemalt wird als sie es wahrscheinlich ist, da ja die Veränderung legitimiert werden muss.

In den Worten des Bielefelder Soziologie-Professors NIKLAS LUHMANN, scharfsinniger Beobachter von Systemen und ihren typischen Eigenheiten: *„Der Sinn von Reformen läuft letztlich also auf ein Paradox hinaus (...): Die Vergangenheit wird schlecht gemacht, damit die Zukunft besser sein kann.*

Aber das Vergangene war, als es noch Gegenwart war, nicht so schlecht, wie es für die Zwecke der Reform hätte gewesen sein müssen; und das Zukünftige wird, wenn es einmal Gegenwart sein wird, nicht so gut sein, wie es sich die Reformer gedacht hatten." (In: LUHMANN, NIKLAS: Organisation und Entscheidung, Berlin 2000),

[7] Willkommen also erneut in der „VUKA"-Welt des 3. Jahrtausends, in der nichts mehr sicher scheint und sich Systeme jeder Art (Menschen, Gruppen Organisationen, Unternehmen ...) dauernd anpassen, also überaus „agil" („beweglich") sein müssen; s.a. Fußnote 4

Das vierte (4) Dilemma betrifft die Selbsteinschätzung auf der „Y-Achse".
Wer gibt schon gerne zu, dass er auf der Skala der (relativen) Marktposition unter „ferner liefen" rangiert, ihm wenig Kompetenz unterstellt wird und seine Produkte insgesamt „arme Hunde" bzw. „tote Pferde" sind (Letzteres bezieht sich auf eine Weisheit der Dakota-Indianer, die besagt: *„Wenn Du beim Reiten bemerkst, Dein Pferd ist tot - steig' ab!"*)?

Im Folgenden das klassische Bild (Abbildung im Text) einer „verzerrten Wahrnehmung":
In diesem Fall die einer Kassenärztlichen Vereinigung (KV)[8] eines Bundeslandes, die wie alle KVen eine Monopolstellung hat. Ergebnis der Portfolio-Betrachtung: Alle Angebote und Leistungen werden nach Auffassung der Vorstände dieser KV von den Ärzt*innen und/ oder den Krankenkassen und/ oder den Patient*innen förmlich sozusagen *„ersehnt"* - auch für die Zukunft, bei steigender Tendenz - und im Land überaus *„hoch geschätzt"*; alle 12 Angebote dieser KV drängeln sich entsprechend im Feld der „Stars", nichts ist offenbar überflüssig und schon gar nicht qualitativ schlecht: (Absurd, die Realität der Bewertung sieht - natürlich - bei den „Kund*innen und übrigens auch bei der Mitarbeiterschaft ganz anders aus: Die KVen insgesamt werden in Deutschland z.T. sehr, sehr kritisch gesehen, innen wie außen.)

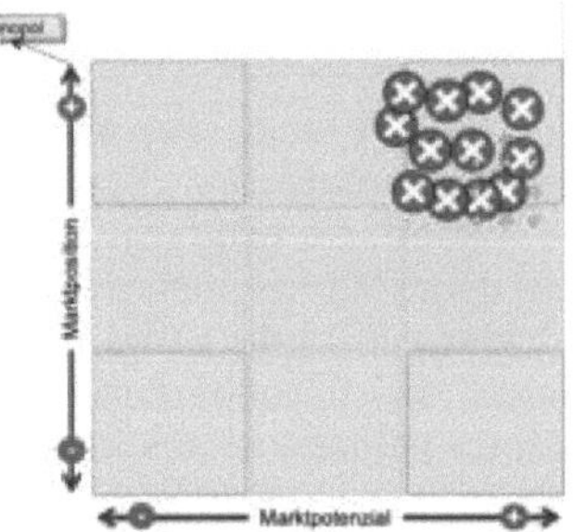

Deutlich wird an diesem Beispiel auch: Die Führungsebenen von „Unternehmen" bewerten die vermeintliche „Realität" typischer Weise sehr häufig ganz anders als ihre Mitarbeiterschaft!

Ich empfehle wegen dieser hier geschilderten Besonderheiten mit großem Nachdruck eine Portfolioanalyse nicht nur intern vornehmen, sondern extern begleiten und durch neutrale Experten und Expertisen unterstützen zu lassen.

[8] *„Die Kassenärztlichen Vereinigungen sind Selbstverwaltungskörperschaften der Vertragsärzte und der psychologischen Psychotherapeut*innen. Die Angehörigen dieser Berufsgruppen, die über eine Zulassung zur Teilnahme an der vertragsärztlichen Versorgung verfügen, sind automatisch Mitglied der Kassenärztlichen Vereinigung (KV) ihrer Region. Die KV hat die Aufgabe, sich mit den Landesverbänden der Krankenkassen auf die Vergütung der vertragsärztlichen Leistungen zu einigen. Sie teilt auch die Vergütungen, die von den Krankenkassen an die Kassenärztliche Vereinigung gezahlt werden, je nach erbrachter Leistung auf die einzelnen Ärzt*innen und psychologischen Psychotherapeut*innen auf."* (Bundesministerium für Gesundheit - BMG)
Zur Monopolstellung: Niemand sonst darf in Deutschland mit den (Kassen-!) Ärzt*innen abrechnen und das (viele! Es geht um Milliarden/ Jahr) Geld der Krankenkassen (-Versicherten) treuhänderisch weiterleiten.

3.2 Nun aber zur Praxis der „Portfolio-Analyse“:

Abbildung 10: „Die Portfolio-Analyse. Grundlagen und Erweiterungen“

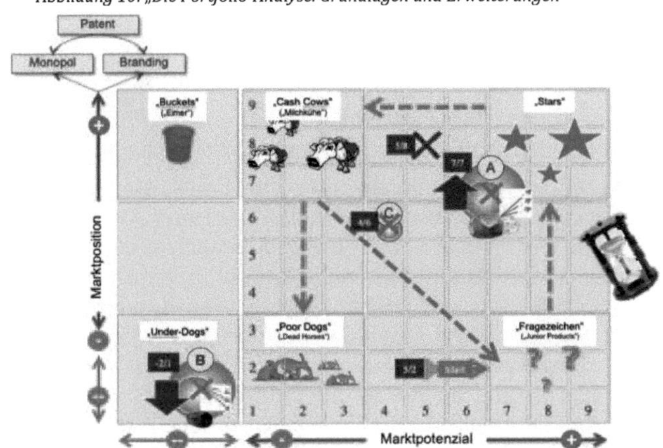

Abbildung 11: Legende zu den Symbolen in Abb. 3: „Die Portfolio-Analyse. Grundlagen und ...“

lfd. Nr.	Symbol	Betrachtungsdimension Kurzbezeichnung/ Titel	Erläuterung/ Erklärung
1	Patent / Monopol / Branding	Strategie/ Marketing „Olymp“ der Marktposition	Siehe „Legende“ im Text
2	X	Strategie/ Marketing Position im Achsenkreuz	
3	/	entweder: „*Brot- und Butter-Geschäft*“ (= positiver **Deckungsbeitrag**) oder: „*Fass ohne Boden*“ (= negativer **Unter-Deckungsbeitrag**)	
4		Produktkreislauf	
5a	A	Betriebswirtschaft (BwA) Einnahme-Überschuss-Analyse Trend (1, 3, 5 Jahr(e)) Produkt A: *Positives* Ergebnis	
5b	B	Betriebswirtschaft (BwA) Einnahme-Überschuss-Analyse Trend (1, 3, 5 Jahr(e)) Produkt B: *Negatives* Ergebnis	
6a		Erweiterte Strategie „Kollateral“-*Nutzen*	
6b		Erweiterte Strategie „Kollateral“-*Schaden*	

3.2.1 „Legende“ zur Abbildung 3 und Erklärung zu den beiden Achsen und neun Feldern

1: Wer – bezogen auf seine Produkte, bzw. (Dienst-) Leistungen – über eine Monopolstellung verfügt, also „den Markt beherrscht“; dazu ein „Patent“ sein eigen nennt, das ja den Zugang zum Markt für andere annähernd unmöglich macht[X] und sich dann über die Jahre auch noch ein „Branding“[Y] erarbeitet hat - der kann sich wirklich glücklich, weil (fast) unangreifbar, schätzen!

[x] Siehe *PORTERS* „Five Forces“ u.a. im Internet (WIKIPEDIA). | [y] „Branding“: Siehe nächste Seite.

2: Die Positionen der Produkte/ Leistungen entsprechen den Koordinaten, die sich aus der Position auf den beiden Achsen ergeben.

Im Beispiel: -2/1 | 4/6 | 7/7 | 5/8 für die 4 Produkte.

Um diese Koordinaten besser bestimmen zu können, habe ich die Matrix mit einem Raster aus 81 Feldern (9x9, in Grau) unterlegt.

So ist zur Erklärung nicht in jedem Fall das Schaubild vonnöten.

3: Bisweilen ist es in „Unternehmen" so, dass einzelne Produkte, Angebote und/ oder Leistungen das so genannte „Brot- und Buttergeschäft" ausmachen:

Ohne sie wäre das „Unternehmen" also „am Ende", sie tragen in hohem Maße (ausgedrückt durch die Größe des „Bubble", s.u.) zum „Deckungsbeitrag" bei, mit ihnen wird also richtig Geld verdient, von dem auch andere Produkte profitieren – andere wiederum sind ein „Fass ohne Boden", in dem viel Geld versickert und auch das dauernde „Nachschießen" von weiteren Ressourcen führt wiederholt nicht zum Erfolg! Kaufleute sagen dazu: *„Gutes Geld schlechtem hinterherwerfen"* und in der einschlägigen Literatur ist dieses durchaus typische Phänomen als „sunk-cost-fallacy" oder auch – in der Politik – als „Concorde-Effekt" beschrieben: Nachdem Engländer und Franzosen umgerechnet mehr als 6 Milliarden DM in dieses ja inzwischen legendäre Überschallflugzeug investiert hatten, hätte sich niemand getraut, dieses hoch-defizitäre, nie rentable, Projekt aufzugeben, denn dann hätten die Beteiligten ihr „Gesicht verloren". Also hieß die Parole: *„Weitermachen! Koste es, was es wolle!"* Wer ein altes Auto sein Eigen nennt, kennt diese Dynamik vermutlich: Nun ist schon so viel investiert worden, da kommt es auf die nächste Reparatur auch nicht mehr an, denn das hieße ja u.a., dass (fast) alle vorangegangenen Investitionen umsonst gewesen wären. Wer will das schon gerne vor anderen und natürlich auch vor sich selbst zugeben?

4: Der Kreislauf eines Produktes ist im Grunde immer ähnlich: Es beginnt mit einer Idee/ einer Innovation, wird evtl. zum „Star", dümpelt dann in Richtung „Cash-Cow" und endet als „armer Hund".

Der „Weg zurück" zum „Star"? Nur über Innovation(en)!

5a: Das Schaubild soll auf einen Blick das Ergebnis einer systematisierten betriebswirtschaftlichen Auswertung (BwA) und differenzierten Kennzahlenanalyse deutlich machen. Das Ergebnis hier ist positiv (im Kern: mehr Ertrag als Aufwand) und auch die Prognosen für die nächsten Jahre (1, 3 und 5 Jahre) lassen hoffen.

5b: Im Gegensatz dazu: Ein negatives Ergebnis: Der Aufwand ist höher als der Ertrag und auch die Prognosen machen nicht glücklich!

6a: Bisweilen lässt sich ein Produkt im sog. „Bundle" („Bündel") besser absetzen; ein Produkt ergänzt andere und zieht sozusagen andere nach. Eine Strategie, die z.B. in der Software-Welt gang und gäbe ist.[9]

---

[9] Siehe dazu auch die **Variante 7** der „Portfolio-Analyse" **(„Flywheel")** ab Seite 48.

Auch nutzt es, zweitens, wenn die Kunden dem „Unternehmen" durch aufeinander aufbauende Angebote längere Zeit erhalten bleiben.

Und es kann, drittens, nicht schaden, wenn in einem zwar defizitären Angebot die (belastete, kranke) Nichte des örtlichen Landrats optimal versorgt wird.

Alles Beispiele für einen Kollateral-*„Nutzen"*!

6b: Weniger sinnvoll aber scheint es und wird damit zu einem Kollateral-*„Schaden"*, wenn ein Jugendhilfeträger z.B. auf die Idee käme, eine Bank zu gründen. Der Image-Verlust wäre wohl beträchtlich!

7a: Vertikale Achse („Y-Achse"). Die „**Marktposition**" (in der Literatur wie auch in der Praxis werden ebenfalls Begriffe wie: „Relativer Marktanteil"; „Unterstellte Kompetenz", „Image" ... verwendet und damit auch unterschiedliche Gewichtungen gewählt) berechnet sich aus dem eigenen absoluten Marktanteil im Verhältnis zum absoluten Marktanteil des stärksten Konkurrenten.

„Der Marktanteil ergibt sich aus dem Verhältnis der verkauften Stückzahlen eines Unternehmens zur Gesamtverkaufsmenge des Marktes oder aus dem Verhältnis des Umsatzes des Produktes zum gesamten Marktumsatz (‚Umsatzmethode')."

(www.Controlling-Portal.de)

Die Umsatzmethode kann allerdings durch unterschiedliche Konkurrenzpreise verzerrt werden.

Ein Marktanteil von mehr als 80 Prozent würde die Marktführerschaft des eigenen Unternehmens bedeuten, 100 Prozent hieße, dass das Unternehmen ein „Alleinstellungsmerkmal" („USP"), also das „Monopol" innehat.

Unter „Branding" (auch: „Markenführung" oder „Markenmanagement"; engl.: „Brand Management") versteht man den Aufbau und die Weiterentwicklung einer Marke im Zeitverlauf. Hauptziel der Markenführung ist es, die eigene Leistung vom Angebot der Wettbewerber abzugrenzen und sich über die eigenen Produkte und/ oder Dienstleistungen spürbar von den Konkurrenten so zu differenzieren, dass – im Idealfall – die eigene Marke für die gesamte Produktgruppe (vgl.: „TEMPO-Taschentücher": *„Gib' mir mal ein TEMPO!"*) steht.

In neuerer Zeit könnte man bei „googeln" und „skypen" von „Branding" sprechen.

Dahinter steht die Erkenntnis, dass eine Marke einen höheren Wiedererkennungswert hat und der Verbraucher mit einer Marke charakteristische Eigenschaften, Attribute oder Leistungen verbindet.

Dadurch soll die Marke dem Verbraucher zu mehr Orientierung unter den Angeboten verhelfen und Vertrauen ausstrahlen. Durch die Entwicklung und Führung einer Marke verspricht sich ein Unternehmen einen Wettbewerbsvorteil, der sich durch einen höheren Marktanteil und einen höheren Gewinn auszahlen soll.

Eine Marke wird heute oft auch monetär in Form eines Markenwertes dargestellt, der dem Vermögen des „Unternehmens" zugerechnet wird.

Ziel der Markenführung ist es dann, durch geeignete Maßnahmen eine Steigerung dieses Markenwertes und damit des Unternehmenswertes zu erreichen.
Eine Marke bietet durch die Möglichkeit des Markentransfers auch die Chance, Produkte anderer Hersteller unter der eigenen Marke zu vertreiben.
Man spricht hier auch von einer „Markenerweiterung“ oder „Brand Extension“. Falls eine Markenlinie erweitert wird, spricht man von einer „Line Extension“ oder „Produktlinienerweiterung“.

Ein „Patent“ *kann* (*muss* aber nicht!) eine sehr gute Voraussetzung für „Branding“ sein.

Geschäftseinheiten mit einem sehr hohen „relativen“ (also in Relation zu dem Haupt- und zu den weiteren Wettbewerbern) Marktanteil sind besonders erstrebenswert, da sie einen besonders hohen „Cash-Flow“ zur Folge haben.
Dieser wird oft zur Finanzierung von anderen Geschäftseinheiten genutzt.

7b: Horizontale Achse („X-Achse“). Das „**Marktpotenzial**“ (weitere Begrifflichkeiten in Theorie und Praxis: (prognostiziertes) „Marktwachstum“, „Trend“, „Entwicklung“, „Bedarfe“/ „Bedürfnisse“) repräsentiert die Umwelt und die Höhe des gesamten Marktwachstums und gibt das prognostizierte minimale Soll-Wachstum vor, wenn das „Unternehmen“ seine Marktanteile und somit die Wettbewerbsposition behalten möchte.

Marktwachstum ermöglicht aufgrund von höheren Produktionsmengen Kostensenkungen.

Bei einer interessanten, weil vergleichsweise „einfachen“ Variante der Portfolio-Analyse wird lediglich in „Angebot“ und „Nachfrage“ unterschieden, differenziert in „quantitativ“ und „qualitativ“. Siehe dazu auch: Seite 50.

Aus der Kombination beider Aspekte werden die entsprechenden strategischen Schlüsse gezogen (siehe dazu auch: „Business Screen“ auf Seite 32).

Das Modell geht davon aus, dass ein erhöhter „Bedarf“ (in Kombination mit „Bedürfnis“) eine erhöhte Nachfrage und damit auch einen erhöhten Umsatz bedeutet. Das ist im Profit-Bereich von relativ frei gestalteter Nachfrage- und Angebotsbeziehung zwischen Kunden und „Unternehmen“ im Prinzip mehr oder weniger auch der Fall (und stand auch im Fokus von BOSTON CONSULTING), stimmt aber in der Regel immer dann nicht, wenn „Kunde“ und „Finanzier“ unterschiedliche Personen bzw. Institutionen sind, die Leistung für die Abnehmer also durch Dritte finanziert und/ oder sogar direkt mit den Anbietern der Leistung abgerechnet wird.

Bei derartigen „Dreiecksverhältnissen“ (z.B. Arzt – Patient – Krankenkasse oder Träger der Hilfeangebote – Klient – Sozial- oder auch Jugend- oder Gesundheitsamt oder Schule – Schüler – Gesellschaft ...) besteht die Schwierigkeit für die Leistungsersteller, dass der Bedarf zwar besteht oder sogar wächst, aber nicht (mehr, weiter) finanziert wird, z.B., weil sich die gesetzlichen Grundlagen oder auch die politische Zielstellung verändert haben, oder die Mittel schlicht fehlen.

Und insofern sind Prognosen in diesen Fällen besonders schwierig; ich habe darauf bereits ausführlich hingewiesen (ab Seite 19).

3.3 Normstrategien

Die Produkte oder Geschäftsfelder eines Unternehmens werden anhand ihrer Werte einem der vier (vgl.: „Stars", „Cash Cows", „Fragezeichen", „Poor Dogs") Portfolio-Bereiche zugeordnet.

Jeder Bereich verkörpert dabei eine so genannte Normstrategie (vgl. dazu meine Ausführungen zu MCKINSEY'S „Business Screen" ab Seite 32).

Sie soll eine gute Empfehlung zum weiteren Vorgehen geben. Der Lebensweg („Produktzyklus") eines typischen Produktes verläuft vom „Fragezeichen" über „Stars" und „Cash Cows" zu den „Poor Dogs".

Es gibt natürlich auch Produkte, welche diesem „idealen" Weg nicht folgen. Viele „Flops" erreichen z.B. erst gar nicht den Star-Bereich. Ein imitierendes Produkt dagegen überspringt möglicherweise den Bereich des Fragezeichens.

Die **„Fragezeichen"** (auch: „Question Marks", „Nachwuchsprodukte" oder „Babys") sind die „Newcomer" unter den Produkten: Der Markt hat ein hohes Wachstumspotenzial, weil das Produkt z.B. überaus gefragt ist, das Produkt selbst hat jedoch nur geringe relative Marktanteile. Das Management steht also vor der Entscheidung, ob es (weiter) investieren oder das Produkt aufgeben soll.

Im Falle einer Investition benötigt das Produkt sehr viel liquide Mittel, die es jedoch nicht selbst erwirtschaften kann. Eine offensive Strategie wird empfohlen.

_ Die Strategie-Empfehlung lautet entsprechend: Selektion und eventuell eine Penetrationsstrategie, um die Marktanteile zu erhöhen.

Die **„Stars"** sind die vielversprechendsten Produkte des Unternehmens. Sie haben einen hohen relativen Marktanteil – in einem Markt mit zudem hohen Wachstumsraten. Den Investitionsbedarf, der sich aus dem hohen Marktwachstum ergibt, decken sie bereits aus ihrem eigenen hohem „Cash-Flow".

_ Die Strategie-Empfehlung lautet entsprechend: Investition, sowie eventuell eine Abschöpfungsstrategie, um Deckungsbeiträge zu erhöhen ohne den Marktanteil zu gefährden.

Die **„Cash Cows"** (auch: „Melk- oder Milchkühe") haben einen hohen relativen Marktanteil in einem gleichwohl nur geringfügig wachsenden oder statischen (in besonderen Fällen auch sinkenden!) Markt. Sie produzieren stabile hohe „Cash-Flows" und können ohne weitere Investitionen „gemolken" werden.

_ Die Strategie-Empfehlung lautet entsprechend: Eine Festpreisstrategie oder Preiswettbewerbsstrategie ist angebracht.

Die **„Poor Dogs"** („Arme Hunde"; auch: „Dead Horses", „Tote Pferde", s.o.) sind die Auslaufprodukte im Unternehmen.

Sie haben ein geringes Marktwachstum, manchmal sogar einen Marktschwund (s. „Underdogs") sowie einen geringen relativen Marktanteil.

_ Die Strategie-Empfehlung lautet entsprechend: Spätestens sobald der Deckungsbeitrag für diese Produkte negativ ist, sollte das Portfolio bereinigt werden („Desinvestitionsstrategie").

Es ist allerdings wichtig, nicht nur die einzelnen Produkte anhand der Normstrategien zu beurteilen, sondern auch das gesamte Portfolio in Augenschein zu nehmen. Besonders ist hierbei auf den „statischen Finanzausgleich" zu achten: Die Produkte im Portfolio sollten sich nach Möglichkeit gegenseitig stützen und finanzieren können. Ein „Fragezeichen" kann eben nur expandieren, wenn z.B. die „Cash Cow" diese Erweiterung bezuschusst.

Auch sind zukünftige Entwicklungen in der Gesamtschau besser ersichtlich.
So sollten die Produkte in den einzelnen Bereichen relativ gleichmäßig vertreten sein. Ein „Unternehmen" ohne Nachwuchsprodukte z.B. hat sicher kaum Chancen auf dem zukünftigen Markt.

Viele Portfolien sind i.d.S. stark unausgewogen. Obgleich sich viele Produkte in den liquiditätsbringenden Bereichen befinden, fehlt es häufig an Nachwuchsprodukten. Diese „Unternehmen" werden entsprechend mittel- bis langfristig Probleme mit ihrer Stellung am Markt bekommen.

Diese Erkenntnis ergibt sich sehr einfach mit einem Blick auf die Visualisierung der Produktumsätze durch die so genannten „Bubbles" (unterschiedlich große Kreissegmente, siehe dazu auch die Seiten 35 ff.: „kurzer Exkurs").
Hierin liegt einer der wesentlichen Vorteile des Modells: Der Überblick statischer Größen (in diesem Fall absolute Umsatzzahlen) im Rahmen dynamischer Dimensionen (die Dimensionen der Matrix).

Aus Sicht der Produktpolitik im Bereich des Marketings empfiehlt es sich durchaus, die vorhandenen Angebote im Bereich der „Poor Dogs" entweder rasch zu eliminieren oder gestärkt/ neu so auf den Markt zu bringen (Innovation!), dass sie mit geeigneter Marktkommunikation für den kommenden Markt vorbereitet werden können.

Unter Normstrategie ist allerdings nun keinesfalls zu verstehen, dass es sich um eine Art Automatismus oder gar Zwang handelt – es handelt sich in Gegenteil eher um eine allerdings überragend gut evaluierte (McKINSEY verfügt über tausende von Einzeldaten und Strategieverläufen im Rahmen u.a. von Portfolio-Analysen) **„Vorschlagsliste"**, die sich aus der Abbildung 12 ergibt und sich nach meiner Erfahrung selbst erklärt:

Abbildung 12: 9-Felder-Portfolio („business-screen" von McKINSEY)

3.4 Kritik(en) an der Portfolio-Analyse

Die Relation zwischen Marktanteil und Rentabilität ist durchaus fraglich, da die Entwicklung des Marktanteils hohe Investitionen erfordern kann. Die PIMS-Studie (s.u.)[10] hat allerdings einen Zusammenhang bestätigt.

Darüber hinaus setzt der Ansatz ein fragwürdig hohes Gewicht auf das Marktwachstum und ignoriert das Potenzial rückläufiger Märkte.

Die Matrix könnte daher nach unten, also für schrumpfende Märkte, um zwei Felder ergänzt werden: Unterlegene („Under Dogs", stark sinkendes Wachstum bei sehr niedrigem Marktanteil) und Verlierer („Buckets", „Eimer", stark sinkendes Wachstum bei noch (!) hohem Marktanteil, s. Abbildung 10).

Ein weiterer Kritikpunkt bezieht sich auf die Wachstumsrate des Marktes, welche im Modell der „BOSTONER" als gegebener Faktor angesehen wird.

Tatsächlich kann ein „Unternehmen" jedoch durch geeignete Marketingmaßnahmen das Marktwachstum positiv beeinflussen.

Als übliche Trennungslinie zwischen relativ niedrigem und relativ hohem Marktanteil gilt der Wert 50 (Prozent).

---

[10] Abk. für ***P**rofit **I**mpact of **M**arket **S**trategy*: Ein empirisches Forschungsprojekt im Bereich der strategischen Analyse und Planung (strategisches Management), das Anfang der 1960er-Jahre von F. BORCH initiiert und (wissenschaftlich) von S. SCHOEFFLER geleitet wurde. Ziel der empirischen Untersuchung war es, aus einer möglichst großen Anzahl von strategischen Geschäftsfeldern Gesetzmäßigkeiten („Laws of the Market Place") abzuleiten, die den Erfolg dieser Art Geschäfte bestimmen. Diese Gesetzmäßigkeiten sollten zu generellen und branchenunabhängigen Empfehlungen für den Entwurf von Strategien führen. Sie prägten zeitweise auch den theoretischen Bezugsrahmen einer Reihe von Ansätzen zur Portfolio-Analyse.

Dies aber würde bedeuten, dass im Grunde nur der Marktführer „Stars“ und „Cash Cows“ in seinem Portfolio haben kann.

Die Setzung der Werte für die Trennlinien (z.B. 50 für den relativen Marktanteil und 8 Prozent für das reale Marktwachstum) ist also relativ subjektiv. Sie muss in dem Bewusstsein erfolgen, dass andere Werte (z.B. 30 Prozent für den relativen Marktanteil oder 3 Prozent für das reale Marktwachstum) zu einer Verschiebung der Geschäftsfelder in einen anderen Quadranten des Portfolios führen können.

Dies aber würde letztlich auch zu anderen Normstrategien führen.

Die Matrix ist insofern lediglich eine Momentaufnahme aus der subjektiven Sicht der Beteiligten (unter Hinzuziehung objektiver Daten; s.u.) und liefert auch keine überaus belastbare Prognose, sondern bildet in erster Linie eine – allerdings wichtige – Grundlage für weitere strategische Überlegungen.

Letztlich ist also alles eine Frage der „reflektierten Einschätzung“ derer, die die Analyse betreiben und die sich mehr oder minder auf ihr „Bauchgefühl“, ihre „Innere Stimme“, ihren „Riecher“, ihre „Intuition“ verlassen müssen (s.u.) – und auch sollten, wenn gewisse Grundbedingungen erfüllt sind.

Nicht abschließend geklärt ist auch die Frage, was eigentlich ein „Markt“ und für wen und von wem ist, wo fängt er an, wo hört er auf, was also sind seine „Systemgrenzen“ und wann ist z.B. ein „Markt“ „gesättigt“, so dass die Markteilnehmer gezwungen sind, „sich neue Märkte zu erobern“, nur wo?

Die Frage der Systemgrenze jedenfalls beantwortet sich in der Kommunal- und Landesverwaltung relativ einfach: Die politischen Grenzen sind in der Regel auch die Systemgrenzen.

Alle anderen Fragen zum „Markt“ und seiner speziellen Dynamik sind gerade im Bereich des Öffentlichen Dienstes ungleich schwieriger zu beantworten, weil es einen „Markt“ im eigentlichen Sinne nur in gewisser Hinsicht gibt (s.o.).

3.5 Abschnitt: Entwicklung und Durchführung einer Portfolio-Analyse – „Schritt-für-Schritt-Anleitung“

Schritt 1: Sofern Sie „Chef*in“ sind und der Aussage zustimmen können, dass die Entwicklung Ihres „Unternehmens“, dessen „Change“ also, „Chef*in“-Aufgabe ist, sind Sie auch dafür verantwortlich, dass etwas passiert, wenn dies *„not-wendig („um die Not – ab-zuwenden“)* und/ oder erforderlich ist.

In diesem Fall ist eine „Portfolio-Analyse“, in Verbindung mit der „SWOT-Analyse“ (aber dazu komme ich dann noch) ein erster Schritt. Stellen Sie dazu eine nicht zu große (zwischen 8-10 Teilnehmenden) **«Projektgruppe»** zusammen, die eher heterogen besetzt ist: Aus allen Abteilungen“, „Bereichen“, „Regionen“ ... Ihres „Unternehmens“ (s. FN 3), aus allen Hierarchieebenen (Mitarbeitende an der Peripherie wissen oft besser, was „wirklich“ (s.a. S. 70 zum Zitat von PETERS) „los ist“

als die im Zentrum!) und nach Möglichkeit aus allen Professionen, die in Ihrem „Unternehmen“ vertreten sind.

Sorgen Sie für eine **gute Gesprächsatmosphäre**, damit es zu einem „Dialog“ und nicht zu einer „Debatte“ (s. FN 35) kommt. Nehmen Sie sich die Zeit, die eben nötig ist (hier kommt es darauf an, um was es geht und das kann kürzer oder länger dauern) und beschäftigen Sie evtl. eineN externeN Moderator*in.

Schritt 2: Schreiben Sie auf „Metaplan-Karten“ (evtl. unterschiedlicher Farben,

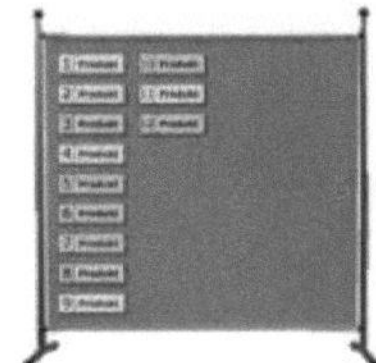

denen Sie eine Bedeutung geben – Produkte, Produktionsstätten ... –) alle „Produkte“, „Angebote“, „Leistungen“ auf und nummerieren Sie diese Karten durch: Sie werden später auf der „Portfolio-Wand“ der „Gesamtschau“ nicht genügend Platz für differenzierte Beschriftungen haben, so dass die zugeordneten Ziffern ausreichen müssen. Pinnen Sie dieser Karten zur weiteren Orientierung auf eine Stellwand; halten Sie überhaupt mehrere Stellwände und mindestens eine „Flipchart“ parat. Sie werden sie brauchen! (Siehe auch Abbildung 34.)

Schritt 3: Nun ordnen Sie Ihre verschiedenen „Produkte („Angebote“; „Leistungen“) der Matrix zu, indem Sie auf den

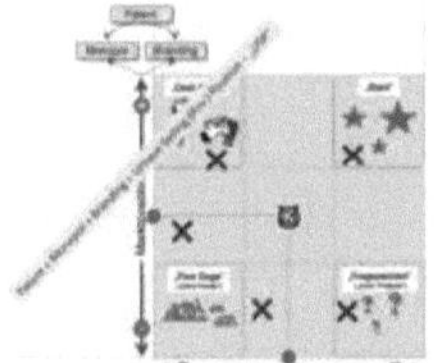

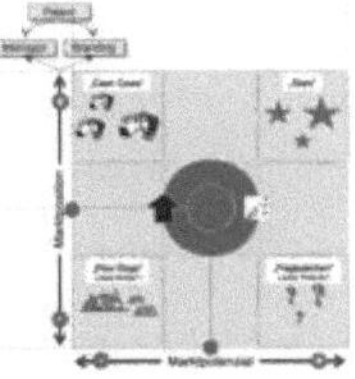

beiden Achsen den Wert positionieren (kleiner Punkt), der für alle am Dialog Beteiligten stimmig ist, ziehen dann von der „x-Achse“ eine senkrechte und von der y-Achse eine waagerechte Linie und erhalten so im Schnittpunkt den sog. „Korrelationspunkt“ („K“), der damit den Ort dieses „Produktes“ ... im Achsenkreuz angibt und damit auch den Quadranten („Stars“ etc.) oder die Nähe eines der vier Quadranten markiert.

Dann können Sie nach Herzenslust mit der „Portfolio-Matrix“ spielen, indem Sie die Aspekte (s. meine Auswahl auf Seite 26) mittels verschiedener Symbole hinzufügen, die Ihnen wichtig sind:

3.6 Varianten der Portfolio-Analyse

Eine Portfolio-Analyse ist relativ vielfältig einsetzbar. Ich habe daher – mit Unterstützung der entsprechenden Schaubilder „aus der Praxis“ – sechs von mehreren Varianten auf den nächsten Seiten beschrieben.

3.6.1 Variante 1:

Die erste Methode dient in erster Linie dazu, über mehrere Ebenen (in diesem Fall sind es drei), sozusagen „den Kern des Problems“ herauszukristallisieren, um geeignete Handlungsoptionen generieren zu können:

Auf **Ebene 1** wird zuerst die portfolio-typische Positionierung der verschiedenen „Produkte" („Angebote" und oder („Dienst-) Leistungen") eines „Unternehmens" vorgenommen, das heißt, die Produkte werden im Achsenkreuz den vier klassischen Feldern („Stars"; „Cash-Cows"...) zugeordnet.

Abbildung 13: „Die Portfolio-Analyse. Variante 1. Ebene 1. Zuordnung der Produkte

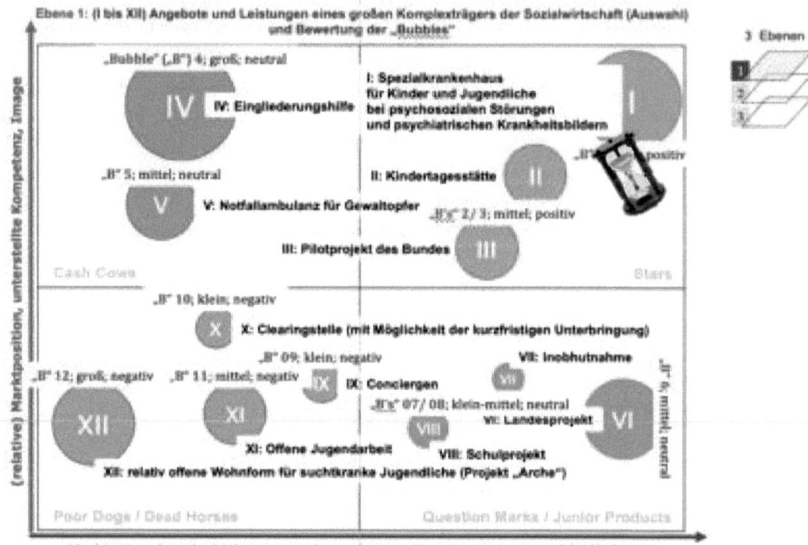

3.6.1.1 ... kurzer Exkurs:

An dieser Stelle passt ein Hinweis auf die sog. **„Bubbles"** in der Abbildung (13).

Das sind ja im Grunde „nur" mehr oder minder große, unterschiedlich eingefärbte Kreise, die einen spezifischen Zusammenhang visualisieren und damit diesen dem Betrachter/ der Betrachterin schneller zugänglich machen sollen, sie erfüllen damit auch hier die Verwirklichung des Grundkonzepts der Portfolio-Technik: die schnelle Erkenntnis nämlich!

Der „spezifische Zusammenhang" kann unterschiedlich gewählt werden:

- Umsatz, Erlös;
- Gewinn („EBIT/DA"[11]), Überschuss der Erträge über die Aufwendungen;
- Deckungsbeitrag;
- ...

[11] *EBIT/DA* ist die Abkürzung für englisch: **E**arnings **B**efore **I**nterest, **T**axes, **D**epreciation and **A**mortization. Übersetzt beschreibt das EBIT/DA also einen „Gewinn ***vor*** Zinsen, Steuern, Abschreibungen auf Sachanlagen und Abschreibungen auf immaterielle Vermögensgegenstände", ist also der aus der *„gewöhnlichen Geschäftstätigkeit"* eines Unternehmens sich ergebende Gewinn.

Die Frage ist letztlich, was man erkennen will. Ich empfinde „Umsatz" als Kennzahl als relativ unsinnig, weil letzten Endes kaum aussagefähig und insofern ein typisches Beispiel einer singulären Sichtweise[12]: Wird doch der Aufwand, der zum Umsatz führt, nicht betrachtet.

Spannender ist aus meiner Sicht der Aspekt des „Deckungsbeitrages", wenn er so verstanden wird, dass er angibt, inwieweit der Verkauf des Produktes und damit dessen Erlös zu den eben auch *nicht* produktbezogenen Kosten (wie z.B.: „Managementfee" „Forschung & Entwicklung", „Public Relation/ Öffentlichkeitsarbeit", „Mitgliedsbeiträge bei Verbänden" u.ä.m.) beiträgt, die Kosten also (zusammen mit anderen „Produkten") deckt *(»Die Kosten sind gedeckt!«)* (Das wäre die positive Variante – Farbe des Bubbles dann z.B. **Grün**)«) oder eben nicht, bzw. sogar weitere Kosten verursacht (das wäre die negative Variante – Farbe des Bubbles dann z.B. **Rot**, **Blau** wäre neutral). Die Größe des Bubbles gibt an, wie stark die Auswirkungen sind.

... Ende kurzer *Exkurs*

In diesem Sinne sind die Hits im Beispiel eines sog. „Komplexträgers" Sozialer Arbeit die Angebote I, II und III, insbesondere das Krankenhaus scheint hauptverantwortlich dafür zu sein, dass sozusagen *„der ganze Laden am Leben"* erhalten wird und so soll und wird es wohl bleiben, denn der Markt für derartige Angebote wächst – zumindest aus Sicht der an der Portfolio-Analyse Beteiligten.

Problematisch sind dagegen die Angebote IX, X, XI und XII; dabei sticht das Angebot für „suchtkranke Jugendliche" heraus, offenbar ein (großes!) *„Fass ohne Boden"* und das auch noch in einem stagnierenden Markt – zudem mit sinkender Nachfrage (in dem der betreffende Träger überdies nicht als Marktführer mit besonderer Kompetenz „gehandelt" wird).

Für **die Ebene 2** werden die für das Angebot „Suchtkrankenhilfe" relevanten Einflussparameter („Betreuungsschlüssel"(1) | „Lage" (2) | „Fachpersonal" (3) und „Ausstattung" (4) gesucht und gefunden – und in ganz ähnlicher Form in der Matrix zugeordnet: Der „Betreuungsschlüssel" (damit u.a. die Arbeitsbedingungen!) und das (vorhandene) „Fachpersonal" waren offenbar nicht der Grund, warum die Einrichtung nicht (mehr) belegt wurde (das war ursprünglich das eigentliche Problem).

---

[12] Typisch war z.B. – zumindest in Berlin – der „Run" auf die „Unbegleiteten Minderjährigen Flüchtlinge" (die sog. „UMFs") vieler Jugendhilfeträger, die anschließend auf ihre in der Tat beeindruckenden Umsatzsteigerungen sehr stolz waren. Nicht im Blick aber hatten viele die sprunghaft steigenden Kosten nicht im Blick und vor allem die nicht, die dann durch die Abwicklung der Angebote (Kündigung von Mitarbeitenden und Räumen – mit all' den damit verbundenen Unwägbarkeiten!) entstanden sind, *nachdem* die Jugendlichen mehr und mehr ausblieben. **Verführt und dann nicht bis zum Ende gedacht.** Der Umsatz hatte also zumindest mittel- bis langfristig betrachtet keinerlei Aussagekraft. Eine ehrliche und professionell durchgeführte „Portfolio-Analyse" hätte vermutlich geholfen, denn eigentlich war klar, dass diese kleine „Hausse" wie ein Regenschauer nicht lange anhalten würde.
Dieses Phänomen der einseitigen und kurzfristigen Betrachtung von „Kennzahlen" und Entwicklungen ist in der Energieindustrie gut bekannt: Eigentlich müssten die Betreiber von Atomkraftwerken in ihren Bilanzen berücksichtigen, was es kosten wird, ihre Atommeiler wieder stillzulegen. Das aber würde das Betriebsergebnis deutlich anders aussehen lassen und ware insofern „schlecht" für die Aktionärsversammlung.

Bei der „Lage“ war man sich unsicher, bei der Ausstattung (zum Teil noch 4- und 5-Bett-Zimmer!) waren sich in der Analyse alle einig: SO kann es nicht bleiben!

Abbildung 14: „Die Portfolio-Analyse. Variante 1. Ebene 2. Zuordnung der Parameter I

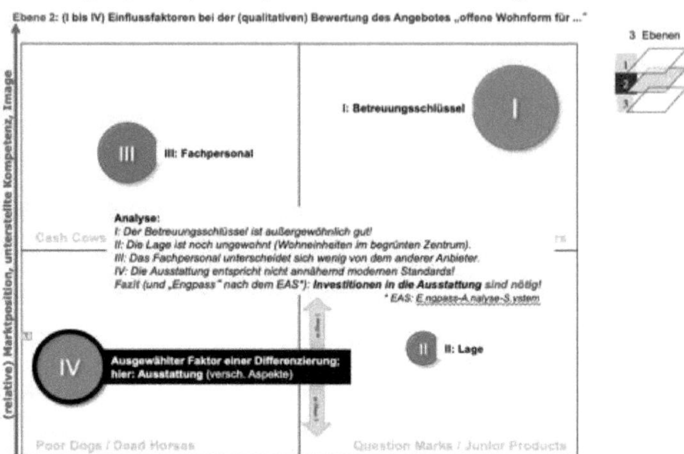

Für die **Ebene 3** werden nun in mehreren Durchläufen die einzelnen „Ausstattungsparameter“ analysiert und es bestätigt sich das vorher schon diskutierte Gefühl: DIESE Zimmersituation muss zuallererst dringend verändert, mithin muss in beträchtlichem Umfang investiert werden!

Abbildung 15: „Die Portfolio-Analyse. Variante 1. Ebene 3. Zuordnung der Parameter II

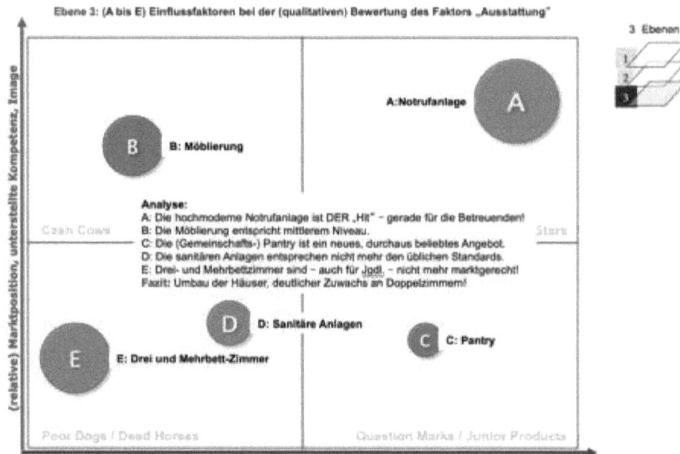

3.6.2 Variante 2: Zuordnung der Mitarbeiterschaft insgesamt

Abbildung 16: „Die Portfolio-Analyse. Variante 2. Zuordnung der Mitarbeiterschaft insgesamt

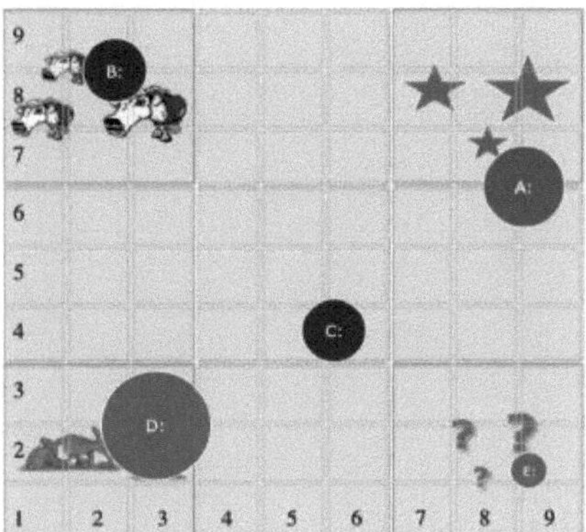

Hier wird das Konzept und die Darstellungsform der Portfolio-Analyse lediglich aufgegriffen, um deutlich zu machen, wie die Mitarbeiterschaft insgesamt „aufgestellt" und damit auf die Zukunft vorbereitet ist:

A: Ein relativ großer, grüner „Bubble" (s.o., S. 35) im Feld der „Stars" bedeutet, dass ein durchaus relevanter Teil der Mitarbeiterschaft sozusagen *„auf der Höhe der Zeit"* und auch fachlich-methodisch und ... *„konkurrenzfähig"* ist.
Diese Mitarbeiter*innen sind auch unter *„kollegial-menschlichen"* Bewertungsparametern als durchaus vorbildlich einzustufen.

D: Für einen leider ebenso großen Anteil gilt dies sowohl-als-auch nicht: *„menschlich-kollegial"* schwierig, nicht (mehr) oder noch nie „auf der Höhe der Zeit" und auch fachlich „abgehängt".

B: Im Verhalten und in der Haltung „neutral", fachlich immer noch sehr gut positioniert, aber inzwischen etwas „old-fashioned" („altbacken").

C: In allem irgendwie „mittig" und/ oder nicht sehr gut einschätzbar.

E: Ein insgesamt noch sehr kleiner Teil der sozusagen „jungen Wilden", absolut (und bisweilen zu sehr) „auf der Höhe der Zeit", (s. Neue Medien), die Generation Y also – muss gleichwohl noch viel lernen und auch erst noch beweisen, dass sie gerade in Krisenzeiten nicht immer nur zuerst an sich denkt!

3.6.3 Variante 3: Zuordnung der Mitarbeiter*innen im einzelnen

Ist die Variante 2 einer bewertenden Darstellung noch relativ ungefährlich, ist bei dieser Variante absolut Vorsicht geboten, denn es wird sehr persönlich!

*Abbildung 17: „Die Portfolio-Analyse. Variante 3. Zuordnung der Mitarbeiter*innen in einem Team*

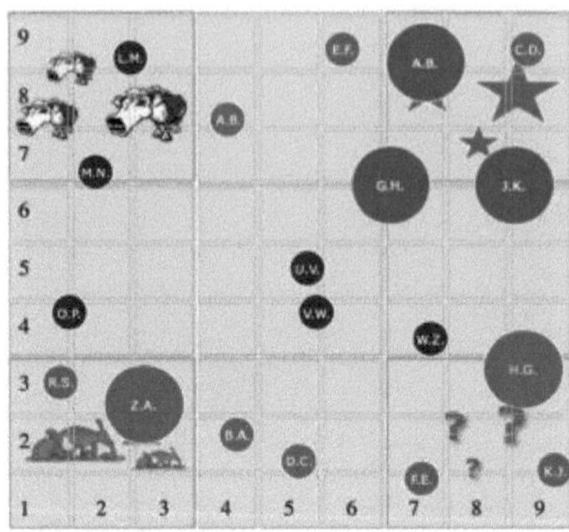

Hier soll das Konzept und die Darstellungsform der Portfolio-Analyse deutlich machen, wie die Mitglieder in einem Team sich bezogen auf die neun Felder verteilen und wer also produktiv und damit sozusagen mittel- bis langfristig *„gut zu gebrauchen"* ist. Die Größe der Bubbles gibt hier die explizite (Funktion) und implizite („Rolle) des/ der Einzelnen an, die Buchstaben repräsentieren die Teamitglieder durch ihre Initialen (hier rein fiktiv, kein reales Bespiel).

Die Auswertung ist ähnlich der in Variante 2: A.B., G.H., und J.K. sind die Stützen des Teams Z.A., B.A. und R.S. eher das Gegenteil, wobei R.S. zumindest menschlich-kollegial akzeptabel scheint.

Derartige Analysen sind nur etwas für besondere Anlässe und damit für Ausnahmefälle, wenn man z.B. sehr genau wissen will, mit welchen Reaktionen bei wem in Zeiten der Veränderung und der Krise zu rechnen sein wird.

In der Regel werden solche Analysen – wenn überhaupt – von Vorgesetzten durchgeführt und zwar *ohne* Beteiligung des betreffenden Teams, denn die Rückmeldungen und Bewertungen könnten sehr falsch verstanden werden und sind damit überaus anfällig für tief sitzende Verletzungen.

Eine kritische Rückmeldung zu den fachlich-methodisch-instrumentellen Kenntnissen und Fähigkeiten von Beschäftigten oder – schlimmer! – ein Feedback zu deren Charakter oder Persönlichkeit wird von den Betroffenen i.d.R. überaus schmallippig entgegengenommen und die meisten sind hinterher schwer beleidigt und nehmen sehr lange Zeit übel. **Vorsicht also!** Konstruktive Kritik, die auch ankommt, gehört zu den vornehmsten und wichtigsten Führungsaufgaben und wird doch von den wenigsten Führungsverantwortlichen „wirklich" (s.u.: Zitat PETERS) beherrscht.

3.6.4 Variante 4: „Performance des Unternehmens“

Wenn zumindest nicht ganz falsch ist, dass in sehr vielen Branchen inzwischen die eigentlich strategische Herausforderung das Gewinnen und Binden von geeignetem Personal ist (Stichwort: „Fachkräftemangel“), dann müssen sich die „Unternehmen“ intensiv um ihre Performance in der (Fach-) Öffentlichkeit machen und auch hier kann eine Darstellung mit Hilfe der „Portfolio-Analyse“ hilfreich sein.

Die aus Sicht der Beteiligten (im Beispiel, s. Abbildung 18, handelt es sich um einen international tätigen Premium-Druckerei-Betrieb mit hohem Innovationsanspruch und einer aus früherer Zeit übernommenen „Kollektiv-Kultur“ und vielen jüngeren Kolleg*innen - ich verweise auf die „Generationen“ „Y“ („Why“) und „Z“ eher wichtigen Parameter, die den 4 Feldern zuzuordnen waren, hießen dann zum Beispiel:

a) „Attraktivität“ der „Produkte“, „Leistungen“ und/ oder der „Angebote“;
b) (sichere) Wettbewerbs-Position am Markt;
c) Lage und verkehrliche Anbindung;
d) Räumlichkeiten und Arbeitsbedingungen;
e) „Industrie 4.0“, Grad der Digitalisierung;
f) öffentliche und fachöffentliche Reputation des „Unternehmens“;
g) ethisch-moralische Grundhaltung;
h) Flexibilität in der Gestaltung der Arbeit (z.B. räumlich und zeitlich);
i) Vereinbarkeit von Familie und Beruf, „Work-Life-Balance“;
j) Entlohnung (s-Systeme);
k) besondere Privilegien und außertarifliche Angebote des „Unternehmens“;
l) Aufstiegsmöglichkeiten;
m) Entwicklungsmöglichkeiten, fachlich und persönlich;
n) Betriebsklima und Organisationskultur;
o) Führungskultur;
p) Fluktuationsgrad bei der Mitarbeiterschaft;
q) Fluktuationsgrad bei der Führungsmannschaft.

Abbildung 18: „Die Portfolio-Analyse. Variante 4. „Performance des Unternehmens“

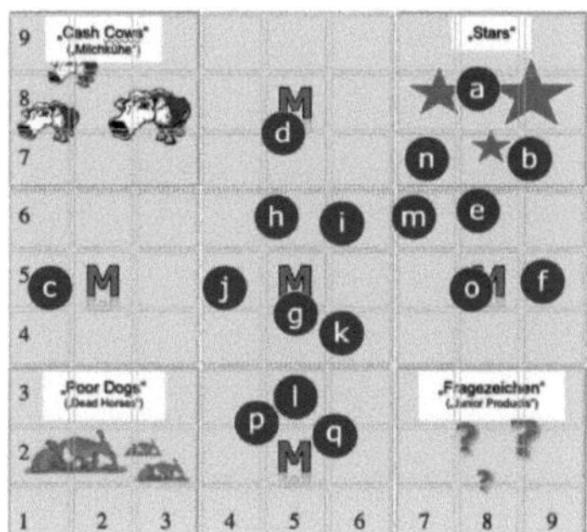

Tabelle zur Abbildung 18: „Legende"

Faktor	Entwicklung am „Markt"	Unsere Position	Quadrant
a)	steigend, hohe Bedeutung	exzellent	„Stars"
b)	steigend, hohe Bedeutung	exzellent	„Stars"
c)	fallend, weniger Bedeutung	mittel	„M" > Richtung „Poor Dogs"
d	Hohe Bedeutung, bleibend	sehr gut	„M" > Richtung „Cash-Cows"
e)	steigend, hohe Bedeutung	sehr gut	„M" > Richtung „Stars"
f)	steigend, hohe Bedeutung	mittel bis gut	„M" > Richtung „Stars"
g)	bleibend , Bedeutung	mittel bis durchschnittlich	„M" > Richtung „Poor Dogs"
h)	bleibend, Bedeutung	sehr gut	„M" > Richtung „Cash-Cows"
i)	steigend Bedeutung	gut	„M" > Richtung „Stars"
j)	(noch) bleibend, Bedeutung	gut	„M" > Richtung „Cash-Cows"
k)	(leicht) steigend, Bedeutung	gut	„M" > Richtung „Stars"
l)	bleibend, (Bedeutung)	eher nicht so gut	„M" > Richtung „Poor Dogs"
m)	steigend, hohe Bedeutung	sehr gut	„M" > Richtung „Stars"
n)	steigend, hohe Bedeutung	exzellent	„Stars"
o)	steigend, hohe Bedeutung	sehr gut	„M" > Richtung „Stars"
p)	eher fallend, weniger Bedeutung	eher nicht so gut	„M" > Richtung „Poor Dogs"
q)	eher fallend, weniger Bedeutung	eher nicht so gut	„M" > Richtung „Poor Dogs"

Es zeigt sich: eine durchaus selbstbewusste („sich ihrer selbst bewusst"), aber auch selbstkritische „Steuerungsgruppe Personalstrategie", die die Methodik überdies kreativ weiterentwickelt, indem sie die jeweils mittleren Felder („M") zusätzlich interpretiert.

Ein gutes Beispiel aus meiner Sicht überdies, wie man mit der Methodik der „Portfolio-Analyse" sozusagen auch „spielerisch" umgehen kann, wenn man will.

3.6.5 Variante 5: „Führung"

Abbildung 19: „Die Portfolio-Analyse. Variante 4. Zuordnung der (hier 9) Führungskräfte

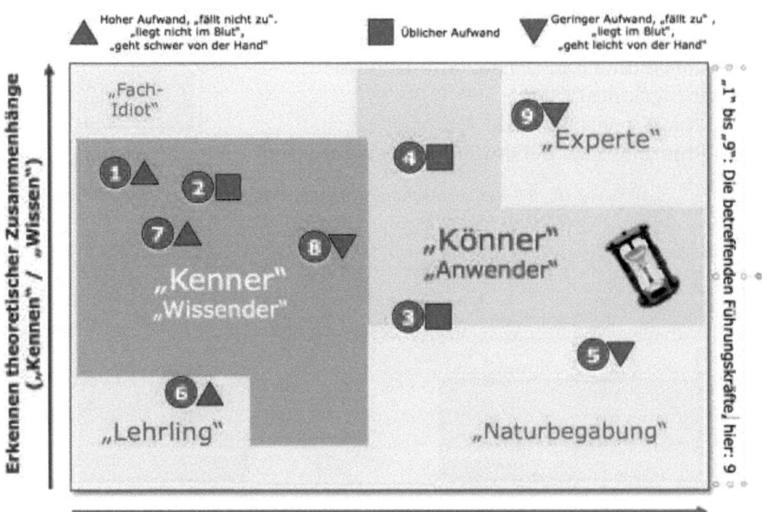

Mehrere Untersuchungen[13] bestätigen es immer wieder: In Deutschland kündigen deutlich mehr als 50% der Mitarbeiterschaft, die *„nur noch wegwollen"*, und zwar wegen ihrer Führungsmannschaft, die sie überwiegend für annähernd unerträglich halten. *„Die Leute verlassen nicht ihren Beruf – sie verlassen ihre Geschäftsführer."* (So das dazu passende Zitat, Verfasser unbekannt.)

Der „Rest" teilt sich auf in die, die keinen Sinn mehr in ihrer Arbeit sehen und denen, die aus einer Reihe weiterer Gründe den Arbeitsplatz wechseln wollen.

Dabei bemängeln ebenfalls deutlich mehr als 50% der Mitarbeiterschaft nicht einmal so sehr die Inhalte der Führungsvorgaben, sondern vielmehr die inadäquate Form, den fehlenden Respekt im Umgang und die vorherrschende Tonlage *(„Der Ton macht die Musik!")* der Kommunikation großer Teile ihrer Führungsmannschaft.

HENRY MENCKEN (US-amerikanischer Satiriker, 1880-1958) hat am 26.07.1920 (also vor 100 Jahren!) im *„Baltimore Evening Sun"* einige Sätze formuliert, die in ihrer Weitsichtigkeit und Aussichtslosigkeit durchaus ängstigend wirken.

Er schreibt:

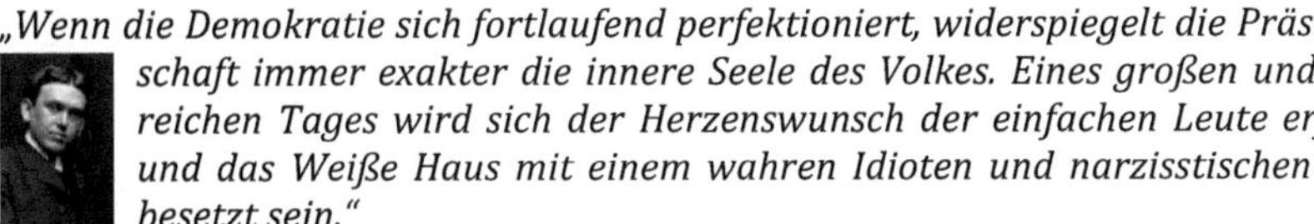

„Wenn die Demokratie sich fortlaufend perfektioniert, widerspiegelt die Präsidentschaft immer exakter die innere Seele des Volkes. Eines großen und glorreichen Tages wird sich der Herzenswunsch der einfachen Leute erfüllen und das Weiße Haus mit einem wahren Idioten und narzisstischen Irren besetzt sein."

Was für Staatenlenker gilt (Frauen sind in der Regel weniger betroffen) gilt in gewisser Hinsicht auch für Unternehmenslenker, denn die System-Bedingungen ähneln sich.

Wer also als Chef („Schmidt") durch (s)eine durchgängige Besetzungs- und Beförderungspolitik mit dafür Sorge trägt, dass immer nur „Schmidtchens" eingestellt werden und „nach oben" kommen (dürfen), sollte sich nicht wundern, wenn schlussendlich die Mittelmäßigkeit („Mediokrität") obsiegt.

Das ist gemeint, wenn OSWALD NEUBERGER (in: „Führen und führen lassen ...", s. Literaturliste) und HORST BOSETZKY (in: „Mensch und Organisation" ..., s. Literaturliste), beide profunde Kenner des Wesens von Organisationen jeder Art und ihrer jeweiligen Führungskultur, formulieren (ich zitiere sinngemäß), *„dass die Spitze eines Unternehmens den Referenzrahmen dessen setzt, was möglich, üblich und erlaubt ist oder eben nicht".*

Insofern kommt dieser Spitze von Unternehmern höchste Bedeutung zu und es wäre daher überaus hilfreich, wenn dort – bezogen auf das „Wissen, Können und Sein" (s. das „RGB-Modell" auf Seite 45) nicht die Schlechtesten säßen, die *„keine Ahnung haben – davon aber viel ..."* (so der Titel eines Buches von JÜRGEN BRATER,

[13] „BUNDESANSTALT FÜR ARBEITSSCHUTZ"; „GALUPP-ORGANIZATION"; „GREAT PLACE TO WORK"; „COMMON ASSESSMENT FRAMEWORK"; „RANDSTADT GMBH"; „BUSINESS INSIDER" ...

s. Literaturliste), sondern Vorbilder, für die man sich zudem nicht (fremd-) schämen muss!

Auch hier ist das Konzept der Portfolio-Analyse im Grunde in erster Linie „Vehikel der Visualisierung“ (und das gelingt recht gut; Visualisierung, eine schon beschriebene Stärke der „Portfolio-Analyse“ als klassische „Mehrfelder-Matrix“, mehr ist es ja im Grunde nicht, wenngleich mit einigen sinnvollen Ergänzungen und der Besonderheit einer Zuordnung von vier Feldern: „Stars“ ...).
Worüber die Arbeitnehmer*innen der „Alten Welt“ noch klagen, lässt sich der Abbildung 20 entnehmen (auch dies ein wundervoller „Steinbruch“ für die Entwicklung einer ganz besonderen Variante der „Portfolio-Analyse“!).
Noch ein Wort zum o.g. **„Referenzrahmen“**[14], denn dieser Zusammenhang ist wichtig, weil der „Referenzrahmen“ auch und gerade bei Strategiediskussion bestimmt, was überhaupt „gedacht“ werden darf: *„Weil nicht sein kann, was nicht sein darf!“*, wäre die auch im „Volksmund“ bekannte, treffende Umschreibung dafür.

3.6.5.1 ... kurzer Exkurs: Das „RGB-Modell“ zur Erklärung von „Authentizität“

Methodisch steckt hinter der Visualisierung durch die Abbildung 21 eine sehr alte sozialpsychologische Theorie der Grundlagen von Authentizität: Das „RGB-Konzept (s. Abbildung 21 auf Seite 45):
Wer sich in seinem Tätigkeitsfeld wirklich auskennt, wer also – wie es so schön heißt – *„den Stoff durchdrungen hat“* („Wissen“ und „Kennen“), wer das, was er tut, „wirklich“ (wie gesagt: *„Wirklichkeit wirkt!“* – TOM PETERS) kann, „es“ beherrscht, wer also spürt, dass ihm die Dinge von der Hand gehen („Können“ und „Tun“) und wer sich – last not least – seiner selbst sicher ist (daher ja das Wort „Selbstsicherheit“) und überdies „wirklich“ davon überzeugt ist, dass er/ sie zur Tätigkeit (Aufgabe, Rolle, Funktion) und die Tätigkeit zu ihm/ ihr passt („Sein“ und „Dasein“) - wird in der Regel von seiner/ ihrer Umwelt als überaus authentisch erlebt.

---

[14] Es gibt bis heute noch keine vollständige, erschöpfende Beschreibung einer Sprache als einem formalen System, das dem Ausdruck von Inhalten dient, so das GOETHE-INSTITUT. Sprachliche Kompetenz wird inzwischen von Linguisten definiert als Kenntnis der formalen Mittel, aus denen wohlgeformte, sinnvolle Mitteilungen zusammengesetzt und formuliert werden können, und als die Fähigkeit, diese Mittel auch zu verwenden. Was „wohlgeformte, sinnvolle Mitteilungen“ letzlich sind, lässt sich naturgemäß nur schwer definieren, denn Sprache ist einem dauernden Wandel unterworfen. Die meisten Nationalstaaten haben daher versucht, eine Standardform, ein Referenzsystem eben – erstes Beispiel –, auf das man sich beziehen kann und soll (!) ihrer jeweiligen Sprache festzulegen (in Deutschland wäre die DUDEN-REDAKTION ein passendes Beispiel), nie allerdings bis ins letzte Detail.

Die Nationalsozialisten – zweites Beispiel – haben mit ihren brutalen Novemberprogromen 1938 („Reichskristallnacht“; „Night of the Broken Glass“ nennt der Jüdische Weltkongress diese Zeit) der deutschen Bevölkerung unmissverständlich deutlich gemacht, was nun offenbar erlaubt sei: Zerstörung u.a. von Eigentum und Bedrohung von Leib und Leben der jüdischen Mitbürger.

In einem badischen, mittelständischen Unternehmen des Maschinenbaus – drittes Beispiel –, das unter hohem wirtschaftlichen Druck stand, hatte die Mitarbeiterschaft die bedrohlicher Situation erst dann wirklich begriffen, als die gesamte Führungsriege auf ihre großen Mercedes-Dienstwagen verzichtete und fortan für alle Mitarbeitende nur noch die Golfklasse als Dienstwagen erlaubt war.

*Abbildung 20: Das Klagen der Arbeitnehmer*innen der „Alten Welt"*

Worüber klagen die Arbeitnehmer der „Alten Welt"?

Spürbare Anerkennung und Belohnungen sind zu selten | Das Management/ die Führung interessiert sich im Grunde nicht für die Belange der MitarbeiterInnen | Kaum sichtbare Empathie | Beförderungen sind willkürlich | Das Stellenprofil und die Zukunft sind unklar, keine Perspektiven | Kaum Inspiration | Eine negative Atmosphäre und zu wenig Arbeits-„Kultur" | Schlechte Work-Life-Balance | Zu wenig Flexibilität bei der Arbeitsorganisation (Stichwort u.a.: „Home-Office") | Eine um sich greifende Mobbing- oder Bossing-Problematik, mit verheerenden Folgen für die Betroffenen | Keine angemessene Gehaltsentwicklung | (An-) dauernder Streit mit den KollegInnen und/ oder mit den Vorgesetzten | Tendenzen der „Inneren Kündigung" als mehr und mehr kollektives Phänomen (s. dazu den beigefügten Text von A. Wortmann) | Zu starke Belastungen – bis zur Erschöpfung | Versprechen und Zusagen werden nicht eingehalten | Es werden die falschen Leute eingestellt und befördert | Die Mitarbeitenden dürfen ihren „Leidenschaften" und „Talenten" nicht nachgehen | Die Kreativität und die Ideen der Mitarbeitenden werden nicht eingebunden | Intellektuelle „Dürre" allenthalben | Keine fachliche Entwicklung ...

„Sein" ist auch als „Dasein" zu verstehen. Dazu gehören die physische und psychische Gesundheit ebenso wie die materielle Sicherheit oder die Chance, dass die wesentlichen Bedürfnisse befriedigt und die Bedarfe gedeckt werden (können). Wenn dann auch noch „Person" und „Organisation" gut zueinander passen, die „Rolle" also, die der Arbeitnehmer zu *„spielen"* hat, ihm förmlich *„auf den Leib geschnitten"* scheint, dann darf sich der Betreffende wohl glücklich schätzen.

Wer sich also in dieser Hinsicht „so sicher" fühlen kann, wird authentisch sein und wer authentisch sein darf, ist in der Regel auch „souverän" und wer souverän ist, den umweht sogar ein gewisses „Charisma" (übersetzt: eine „Gnadengabe", von „Gott"?) und er zeigt womöglich gar „Charakter" (womit wir bei den wesentlichen Faktoren einer „Persönlichkeit" wären!).

Wer allerdings „Lücken" hat, muss aufpassen, denn auch leichte Farbverschiebungen (s.u.) werden unterschwellig wahrgenommen. Deswegen ist das *„RGB-Verfahren der additiven Farbmischung"* z.B. des (PAL-Farb-) Fernsehens als Modell bzw. Analogie recht gut zur Erklärung und Analyse geeignet.

Die *„Additive Farbmischung"* ist ein Phänomen, welches die Änderung des vom Auge empfundenen Farbeindrucks durch sukzessives Hinzufügen eines jeweils anderen Farbreizes beschreibt (additiv = hinzufügend).

Grundsätzlich ist das Farbsehen mit Hilfe unterschiedlich farbempfindlicher Sensoren im Auge eine additive Mischung.

Werden zum Beispiel die drei Primärfarben „**R**.ot", „**G**.rün" und „**B**.lau" (daher „RGB") „gleichmäßig" (mithin in geeigneter Helligkeit) addiert, entsteht die Farbempfindung „Weiß" – im Modell steht „Weiß" für „Authentizität" – alle Farben „strahlen" in gleicher Intensität!

Die Empfindung ist „Schwarz", wenn die Summe Null ist (kein Licht; das wird in Bezug auf das Modell praktisch nicht vorkommen: Irgendeine Kompetenz hat jeder Mensch!).

Die Summen aus zwei Primärfarben bewirken alle Empfindungen (= alle Farben) Y.ellow" („Gelb"), „Cyan" („Türkis") und „Magenta" („Violett") - im Modell wären das die „Farbverschiebungen", die subtil wahrgenommen werden, weil eine der drei Grund-Farben eben (noch) nicht (mehr) so stark „strahlt".

Abbildung 21: „Das RGB-Modell"

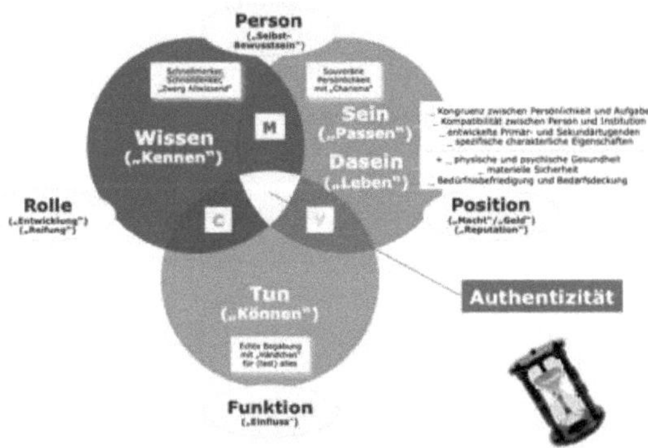

Nebenbei: Das Modell ist für die (Selbst--!– und Fremd-) -Beurteilung und -Bewertung von Führungskräften besonders gut geeignet!

----- **Ende *Exkurs***

3.6.6 Variante 6: „Kennwerte und Finanzierungsarten"

Bei dieser Variante wurde

- der Umgang des „Unternehmens" mit Kennzahlen (besser: Kennwerten; die Ziffern „1" bis „10" entsprechen der Nummerierung in der Liste im **Anhang 1** ab Seite 81) der Portfolio-Matrix zugeordnet und
- ebenso die verschiedenen Arten der Finanzierung (in diesem Fall habe ich als Beispiel eine „Stiftung bürgerlichen Rechts (SbR)" genommen, um deutlich zu machen, dass man auch von Spenden und Legaten u.U. ganz gut leben kann

3.6.6.1 Legende (Lesehinweis und Deutungshilfe):

I: Kennwerte

- Kennwerte im oder in der Nähe des Feldes der **„Stars"**: Wir nutzen diesen „guten"[15] Kennwert professionell, erheben ihn auch regelmäßig, er entspricht u.E. zudem einem „modernen" Analyseverständnis und bildet in besonders guter Weise unsere Realität ab.

[15] „Gut" im Sinne der **klassischen Gütekriterien** jeder „Messung": **„Validität"** (Das Maß dafür, ob die bei der Messung erzeugten Daten wie beabsichtigt die zu messende Größe repräsentieren), **„Reliabilität"** (Ähnlichkeit der Messergebnisse bei Anwendung zu unterschiedlichen Zeitpunkten) und **„Objektivität"** (Unabhängigkeit der Versuchsergebnisse von den Rahmenbedingungen (Randbedingungen) und verfälschenden Drittfaktoren).

- Kennwerte in der Nähe oder im Feld der **„Milchkühe"**: Wir nutzen diesen „guten" (s. FN 15) Kennwert professionell, erheben ihn auch regelmäßig, er entspricht u.E. allerdings einem „modernen" Analyseverständnis nicht (mehr) und bildet gleichwohl in immer noch guter Weise unsere Realität ab.
- Kennwerte in der Nähe oder im Feld der **„Fragezeichen"**: Wir nutzen diesen „guten" (s. FN 15) Kennwert **nicht** professionell, erheben ihn auch **nicht** regelmäßig, er entspricht u.E. einem sehr „modernen" Analyseverständnis, scheint aber theoretisch und praktisch noch nicht „ausgereift" und bildet doch in guter Weise unsere Realität ab.
- Kennwerte in der Nähe oder im Feld der **„Poor Dogs"**: Wir nutzen diesen **nicht** sehr „guten" (s. FN 15) Kennwert **nicht** professionell, erheben ihn auch **nicht** regelmäßig, er entspricht u.E. einem „modernen" Analyseverständnis absolut **nicht**, sondern wirkt wie etwas „aus der Zeit gefallen", und bildet zudem in **nicht** besonders guter Weise unsere Realität ab.

II **Finanzierungsarten**, über

(A) „Entgelte"
(B) Fehlbedarfsfinanzierung
(C) Projektfinanzierung (Europa, Bund, Land, Kommune)
(D) Sonstige (Spenden, Legate ...)

Größe des Quadrats: Anteil am Gesamtvolumen der Finanzierung | Farbe: Einschätzung der Art und des Umgangs, (Rot: problematisch, Grün: unproblematisch, Blau: neutral) | Position im Achsenkreuz: Stars: Trend und wir kennen uns gut aus, Milchkühe: Kein Trend mehr, etwas „überholt", aber wir kennen uns gut aus, Fragezeichen: absoluter Trend, aber wir kennen uns nicht gut aus und sind zudem *„Einer von vielen auf den Barrikaden der Begehrlichkeiten"*, Poor Dogs: kein Trend, im Gegenteil *und* wir kennen uns nicht gut aus.

Abbildung 22: Kennwerte und Finanzierungsarten

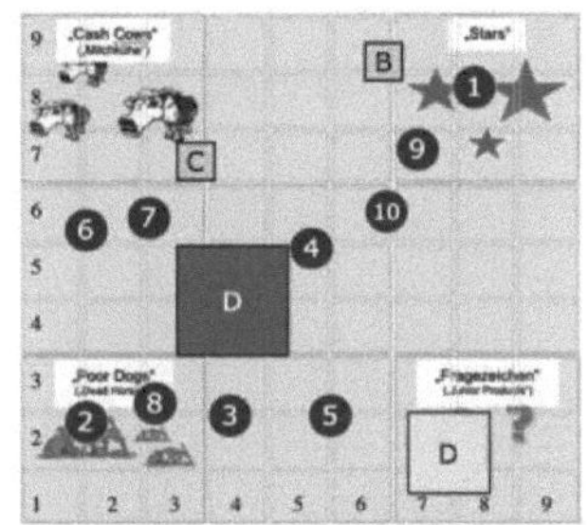

Die Variante hat eine durchaus **doppelte Bedeutung**: Zum einen listet und bewertet Sie die im „Unternehmen" erhobenen Daten und zum anderen macht sie deutlich, dass ohne diese Daten eine seriöse „Portfolio-Analyse" nicht mehr zu machen ist[16]. Auch die Profis bei BOSTON CONSULT bedienen sich inzwischer solcher Daten und betreiben zusätzlich eine aufwändige und ausführliche „Sekundärforschung" (s. FN 6).

[16] Wie hieß es mal so schön bei einer Strategieberatung in einer deutschen Bank: *„Bei uns gilt, «ZDF vor ARD»"* (= **Z**.ahlen, **D**.aten, **F**.akten" vor „**A**.lle **R**.eden **D**.urcheinander – oder: **A**.lle **R**.eden immer **D**.asselbe).

Doch Achtung, Kennwerte sind immer schnell überholt, denn sie werden im Status „quo ante" erhoben („quo ante" ist eine Kürzung aus «in statu **quo** res erant **ante** bellum», „in dem Zustand, in dem die Dinge *vor* dem Krieg waren"). Das, was also mit Hilfe von Kennwerten beschrieben oder auch „bewiesen" werden soll, ist mithin „vorbei", „Geschichte", „Schnee von gestern".

Viele Controller machen den Fehler zu glauben, dass sich aus einer langen Reihe von relativ kontinuierlich erhobenen und sozusagen „ruhigen" Datenverläufen in der Vergangenheit die Zukunft ablesen lässt. Das ist leider falsch.

Klar, die bereits geborenen Kinder kommen zu einem sehr hohen Prozentsatz nach sechs Jahren in die Schule; das lässt sich – wie fast alle demographischen Entwicklungen – relativ leicht voraussehen und gelingt der Berliner Senatsverwaltung für Schule zur Überraschung aller schon seit Jahren trotzdem nicht immer so ganz genau!

Und klar, es lässt sich auch relativ genau berechnen, wie viele Menschen in einem „Unternehmen" mit dann 63 bzw. 65 Jahren in den Ruhestand gehen.

„Relativ genau" wohlgemerkt, denn es könnte ja auch sein, dass diese Menschen bereits vorher – aus welchen Gründen auch immer – aus dem Unternehmen ausscheiden.

Aber sonst?

Wer also mehr oder minder „nur" über Controlling-Daten (strategisch) steuern würde – die Abbildung 23 im Anschluss kurz zu erklären – würde (s)ein Auto nur über den Blick in den Rückspiegel steuern, und das wäre gefährlich: Zwar war die Strecke 46 km immer und schnurgeradeaus – aber das bedeutet gleichwohl eindeutig nicht, dass nach 100 m eben doch eine scharfe Rechtskurve kommen könnte und es dann kracht.

Abbildung 23 : Steuerung über den Rückspiegel

Entnommen: JÜRGEN FUCHS: Von Menschen, Managern und Monarchen ... (s. Literaturliste)

3.6.7 Variante 7: „Flywheel"

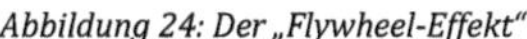
Abbildung 24: Der „Flywheel-Effekt"

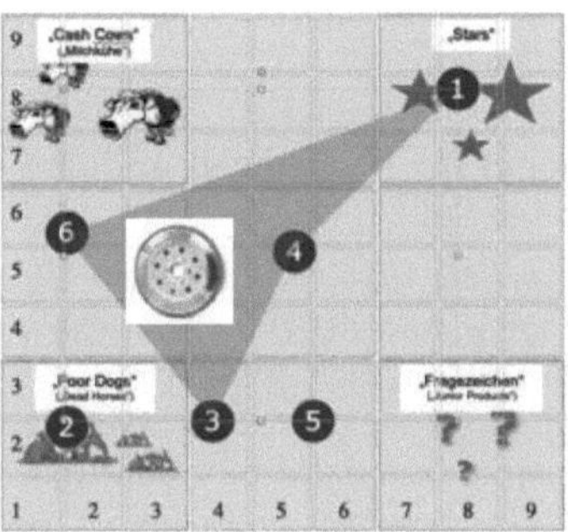

»Flywheel« ist der neueste Strategie-Hit. »Flywheel» heißt **„Schwungrad"**, und die Strategie- bzw. Marketing-Experten meinen *„damit die Fähigkeit eines Mischkonzerns wie Amazon, den ‚Schwung' eines Geschäftsfelds auf andere Bereiche zu übertragen. Amazon ist das Paradebeispiel eines Unternehmens mit mächtigen, ineinander verzahnten Schwungrädern. Streaming bringt mehr Prime-Kunden, bringt mehr Onlinehandel, bringt mehr Streaming, bringt mehr Prime-Kunden und so weiter, und so weiter (...)*

*Die zweite wichtige Frage im Streamingkampf ist (...) diese: Wer verfügt über die beste **Distributionsstruktur**, um den Zugang zu möglichst vielen Zuschauern zu erreichen und zu kontrollieren? Auch hier ist Netflix verletzlich. Netflix ist quasi der Erfinder des Streamingmarkts und dominiert ihn bis heute.*

Sein Kundenstamm ist mit 167 Millionen derzeit fünf- bis sechsmal so groß wie der von Disney+ (29 Millionen), HBO Now (24 Millionen) und Apple TV+ (34 Millionen). Nur Amazon Prime Video (150 Millionen) bewegt sich in ähnlicher Höhe.

Netflix aber wächst seit einigen Jahren fast nur noch im internationalen Markt, während die Abonnentenzahl im US-Heimmarkt bei rund 60 Millionen ihr Limit erreicht zu haben scheint.

Der Tech-Gigant Apple mag in der Streamingwelt noch ein Zwerg sein, aber er hat – wie auch Amazon – gegenüber Netflix den gewichtigen Vorteil des Direktzugriffs auf eine loyale Stammkundschaft. Bei Apple und Amazon sitzen die Zuschauer quasi schon im Kino, der Film muss nur noch gestartet werden, während sowohl Netflix wie Disney+ die Leute erst auf ihre Plattformen hereinbitten müssen.

Apple hat aktuell 1,4 Milliarden aktive Geräte im Umlauf, davon rund 900 Millionen iPhones. Das ist das hauseigene Ökosystem, in das es seine Streamingsparte pflanzt. Und Amazon erreicht mit Prime schon mehr als 80 Prozent der US-Haushalte, in Deutschland sind immerhin schon 17 von insgesamt 41 Millionen Haushalten treue Prime-Kunden.

Disney+, umgekehrt, ist gezwungen, mit Partnern zusammenzuarbeiten, um sein Publikum zu erreichen – ironischerweise mit Amazon.

Mit dem Konzern von JEFF BEZOS hat DISNEY einen Deal abgeschlossen, um sein Streamingangebot über AMAZONS Fire-TV-Stick ausspielen zu können. Was NETFLIX betrifft, so wird prophezeit, dass die „Firma entweder einen Distributionsanbieter dazukauft, oder sie wird innerhalb der nächsten drei Jahre selbst aufgekauft".

LARS-OLAV BEIER u.a., im SPIEGEL, März 2020: „Milliardenschlacht ums Fernsehen"

Soweit der kleine Ausflug in die Medienwelt und deren Strategieüberlegungen im allerdings sehr (!) großen Stil.

Die „Flywheel"- (Schwungrad-) Idee, s. auch die Fußnote 6, ist gleichwohl auf andere Branchen übertragbar und die Darstellungsart der Portfolio-Analyse ist ein sehr hilfreiches Mittel dabei, sich schnell einen Überblick zu verschaffen: über die Synergiemöglichkeiten der einzelnen „Angebote und Leistungen" unter- bzw. miteinander (im Beispiel sind das die Produkte „1", „3", „4" und „6", die sich als Bündel (engl.: „bundle", deswegen hieß die Strategie früher auch „Bundle-Strategie" – uns allen gut vertraut aus dem Software-Markt) gegenseitig stützen; mehr noch, die beiden Produkte „3" und „6" womöglich mitziehen und damit „zu neuem Leben erwecken" (können).

3.6.8 Varianten 8 ff:

In der Praxis der Portfolio-Analysen fällt auf, dass ihre dann eben doch vorhandene hohe Komplexität zu Verwirrungen führen kann. Wie immer in solchen Fällen, ist die Lösung, die Komplexität zu reduzieren und das gelingt recht gut, indem man die Portfolio-Analyse gewissermaßen in ihre Einzelteile auflöst (s. Abbildung: 25).

Entweder durch Aufteilung der dargestellten Ergebnisse in „quantitativ" und „qualitativ" oder durch Aufteilung in verschiedene Themengebiete:

- Bei **„Finanzen"** würden alle relevanten betriebswirtschaftlichen Daten den Angeboten und Leistungen zugeordnet (siehe dazu: Liste dieser Daten im **Anhang 1**).
- Bei **„Finanzierungen"** würde man sozusagen die „Finanzierungsarten" und „Geldquellen" den Feldern zuordnen (Das kann zumindest im Bereich der zuwendungs- und entgeltfinanzierten Träger Sozialer Arbeit oder auch bei geförderten Projekten u.ä.m. sehr sinnvoll sein, um sich z.B. einen Überblick über die Nachhaltigkeit und Verlässlichkeit der Finanzierung(en) zu verschaffen. Im Profit-Bereich, wo es fast ausschließlich um „Verkaufs-Erlöse" geht, bin ich sehr skeptisch, ob dieses Variante wirklich passt.
- Bei **„Produkte & Leistungen"** („Angebote") würde man ein klassisches, also ausschließlich markt- und positionsbezogenes, Portfolio erstellen, wie bereits ausführlich erläutert;
- Bei **„Mitarbeiter"** könnte man auf die oben beschriebene „Variante 2" zurückgreifen und
- dann wäre immer noch Platz und Raum für eigene Überlegungen („???").

Abbildung 25: Verschiedene Einzelaspekte einer Portfolio-Analyse

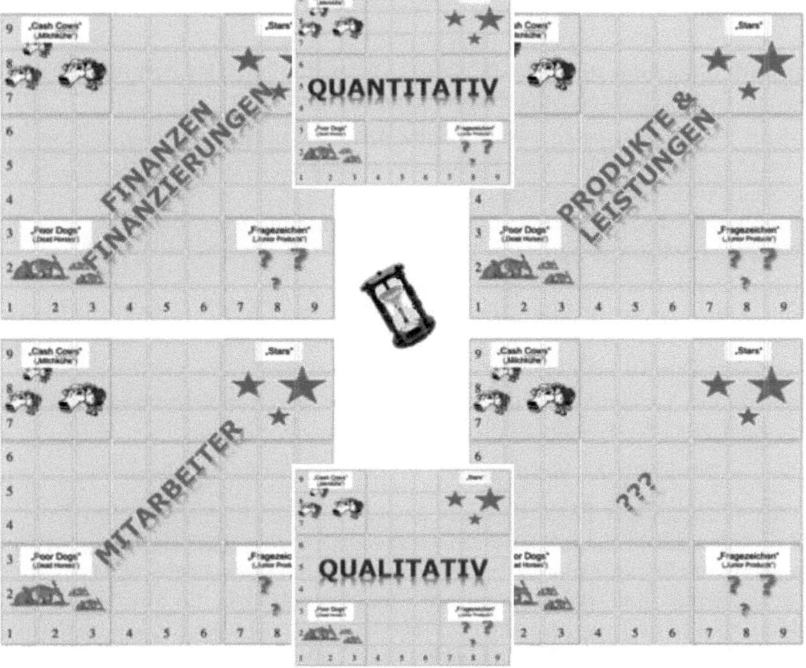

Wenn man die einzelnen Portfolio-Aspekte digital erstellt (mit Power-Point geht das ganz gut und vor allem flott), die Ergebnisse auf DIN A2-Bogen in Farbe (!) ausdruckt und dann alles an eine große Stellwand pinnt, hat man einen guten zusammenfassenden und gleichwohl differenzierten Überblick – gerade wenn eine Gruppe zusammenkommt – und wird dennoch von der Komplexität nicht gleich erschlagen.

Es empfiehlt sich, den Verlauf der Diskussion über die Ergebnisse (das sind ja nichts anderes als Deutungen bzw. Interpretationen über eine spezifische Wirklichkeit, die so „wirklich – s.o. – eben nicht ist) ebenso festzuhalten, wie die sich aus der Diagnose ergebenden Handlungsoptionen. Es nutzt ja nichts, nur etwas zu diagnostizieren (das ist in erster Linie Sinn und Zweck der Portfolio-Analyse) und dann allenfalls zu sagen: „Aha, SO ist das also – hätten wir evtl. gar nicht gedacht!" (das ist in zweiter Linie durchaus auch Sinn und Zweck der Portfolio-Analyse: „Aha-Effekte" sind also erwünscht!), wenn daraus keine Konsequenzen (eine „Agenda", ein „Behandlungsplan", eine „To-Do-Liste") erfolgen (Das aber ist nicht originär Sinn und Zweck der Portfolio-Analyse, sondern Aufgabe eines „Business Screen“, s.o.); dann wäre die ganze Mühe ja ganz umsonst gewesen.

4. Kapitel: Sinnvolle Analyse-„Tools“ als Ergänzung

„Zusammenfassung und Zweck“ («Z&Z») des Kapitels (für den eiligen Leser, die eilige Leserin die zentralen Aspekte, die Kernpunkte):

Im diesem Kapitel werden verschiedene Analyse-Tools vorgestellt, die sowohl die Portfolio- als auch die SWOT-Analyse (und damit natürlich auch die „SWOT-folio-Analyse) sinnvoll ergänzen:

- Die „Penalty-Award/ Reward-Contrast-Analyse“ (ab Seite 51);
- Das „Pareto-Prinzip“ (ab Seite 57);
- Das „Eisenhower-Fenster“ (ab Seite 62)
- Die „ABC-Analyse und die „Lorenz-Kurve“ (ab Seite 63/ Lorenz-Kurve: S. 66)

4.1 Die Penalty-Award/ Reward-Contrast-Analyse

Keine weitere Variante der Portfolio-Analyse – aber eine sehr sinnvolle Ergänzung, auch zur SWOT-Analyse, die

»Penalty[17]-Award/ Reward[18]-Contrast-Analyse (PACA)[19]«

Das Grundprinzip der PACA ist recht simpel: Auf zwei Ebenen werden drei einfache Fragen gestellt, die Ebene 1 betrifft das „Produkt“, die (Dienst-) Leistung insgesamt, die Ebene 2 nur Teile dessen, die sogenannten „Features“, die „Applications“ („Apps“), all' die zusätzlichen Kleinigkeiten also, die mit der Leistung verbunden sind und sie mehr oder minder sinnvoll ergänzen. Ein Photoprotokoll nach einer Seminarveranstaltung wäre ein typisches Beispiel aus dem Bildungsbereich dafür: In der Leistungsbeschreibung evtl. gar nicht vorgesehen und doch als „Add-on“ bei den Teilnehmer*innen recht beliebt und sicher auch sinnvoll.

Die drei Fragen:

1. Wird das, was wir tun, von unseren Kunden/ Abnehmern honoriert und (noch schärfer formuliert) fällt es ihnen überhaupt auf („Award“)?
2. Würde es, täten wir das, was wir tun, **nicht**, überhaupt auffallen und würde dieses „Versäumnis“, dieser „Fehler“, diese Unachtsamkeit“von unseren Kunden/ Abnehmern dann auch (noch schärfer formuliert) tatsächlich „abgestraft“ („Penalty“)?
3. Steht unser Ertrag (auch: „Kostendeckungsbeitrag“) in einem angemessenen Verhältnis zum Aufwand, den wir mit diesem Produkt/ dieser Leistung oder mit seinen, mit ihm /ihr verbundenen Features betreiben?

---

[17] Ein „Penalty“ ist gewisser Maßen der „Elfmeter“ beim Eishockey, also ein Strafstoß „zur Strafe“- eben eine Bestrafung statt einer „Belohnung“

[18] „Reward“: „Belohnung/ „Award“: „Auszeichnung“, „Ehrung“ – ein „Award“ hat schon sprachlich mehr Gewicht und damit auch „im richtigen Leben“ mehr Bedeutung, s. der „OSKAR“ als besonderer Filmpreis.

[19] Bisweilen wird die Methode deshalb auch „Penalty-**Reward**-Contrast-Analyse“ genannt.

4.1.1 Vorrede

Dienstleistungen und Produkte müssen von einem Anbieter so ausgearbeitet werden, dass sie den Erwartungen des Nachfragers/ Kunden entsprechen und diesen zufriedenstellen. Hierfür wurden Methoden entwickelt, die Qualitäten dieser Dienstleistungen oder Produkte zu messen.

Man unterscheidet zwischen leistungs- und kundenbezogenen Methoden. Die „PACA" gehört zu den kundenbezogenen Methoden.

4.1.2 Das Prinzip der „PACA"

Eine Nicht-Erfüllung oder schlechtere Qualität als erwartet, führt zu Unzufriedenheit und einer Qualitätsabstufung für den Kunden.

Das sind die *»Penalty-Faktoren«* („Bestrafungsfaktoren").Der Kunde kann hier als „Strafpunkte", die sogenannten „Demerits", verteilen.

Wenn der Kunde dagegen zufrieden ist, spricht man von *»Award-Faktoren«* („Belohnungsfaktoren"). Es wird ein höheres Qualitätsurteil ausgesprochen, wenn besondere Leistungen in diesem Bereich erfüllt wurden. Jedoch hat eine schlechtere Erfüllung der Qualität nicht unbedingt negative Auswirkungen auf die Wahrnehmung der Qualität, weil ja nichts anderes erwartet worden war.

Abbildung 26: (Tabelle): Wirkung von Penalty und Award-Faktoren

	Öffentlicher Personen-Nahverkehr ÖPNV	**Qualität der Leistung**	**Emotion**	**Qualitätsurteil**
Penalty-Faktoren	Pünktlichkeit/ Sauberkeit	besser als erwartet	Überraschung/ Erstaunen	steigt nicht unbedingt, weil als selbstverständ-lich empfunden
Penalty-Faktoren	Pünktlichkeit/ Sauberkeit	schlechter als erwartet	Ärger/ Enttäuschung	sinkt
Award-Faktoren	bes. Service und Komfort	besser als erwartet	Überraschung/ Erstaunen	steigt
Award-Faktoren	bes. Service und Komfort	schlechter als erwartet	/	sinkt nicht

Das Ziel der „PACA" ist es, die Penalty-Faktoren nach Möglichkeit schnell und eindeutig zu identifizieren, um sie dann zu eliminieren.

4.1.3 Ein Beispiel zum Prinzip (siehe Abbildung 26, „Tabelle")

Penalty-Award-Faktoren entstehen zum Beispiel, wenn Kunden mit einem Flugzeug oder dem öffentlichen Personennahverkehr (ÖPNV) unterwegs sind.

Unter **Penalty-Faktoren** fallen dort häufig „Pünktlichkeit" oder „Sicherheit". Es handelt sich um Aspekte, bei denen einfach erwartet wird, dass diese erfüllt und eingehalten werden. Deshalb steigt hier das Qualitätsurteil nicht, wenn dieser Aspekt der Dienstleistung erfüllt wurde. Wenn dieser jedoch schlechter als erwartet ist, ist der Kunde umso unzufriedener und es sinkt das Qualitätsurteil insgesamt.

„Service" oder „Komfort" sind hingegen eher Aspekte der **Award-Faktoren**, sie werden von den Kunden (heutzutage) (leider) nicht (mehr) unbedingt erwartet und daher als eine besondere und untypische Leistung angesehen.

Deshalb kommt es hier zu keiner Qualitätsminderung, wenn die Leistung nicht erfüllt ist. Die Kunden sind hingegen überaus „**zufrieden**", wenn die Leistung sozusagen wider Erwarten erfüllt ist und geben dadurch ein besseres Qualitätsurteil ab.

„**Zufriedenheit**" (was immer das sei[20]) ist nicht nur in Dienstleistungsbereichen mittlerweile ein wichtiges Zielkriterium und Bestandteil von Qualitätssicherung und -management. Erklärungsmodelle zur Entstehungsgrundlage von Zufriedenheit basieren auf der Annahme, dass ein Vergleich zwischen ...

- dem wahrgenommenem Ist-Zustand und
- dem auf Erwartungen basierenden „Soll-Niveau"

zu Zufriedenheit oder Unzufriedenheit führt.

Erwartungen zu erfüllen, führt aber nicht automatisch zu Zufriedenheit. Studien vor allem aus der wirtschaftswissenschaftlichen Forschung zeigen, dass Erwartungen in unterschiedlicher Weise mit der Zufriedenheit zusammenhängen können.

Dabei werden im Wesentlichen drei Erwartungstypen unterschieden:

„**Basisfaktoren**" sind solche Merkmale, die bei Nicht-Erfüllung große Unzufriedenheit auslösen, aber bei Erfüllung nicht automatisch zu Zufriedenheit führen, weil sie als **selbstverständlich** angesehen werden.

„**Leistungsfaktoren**" sind Merkmale, bei denen die Zufriedenheit proportional zum Erfüllungsgrad steigt.

„**Begeisterungsfaktoren**" sind Merkmale, die bei Erfüllung Zufriedenheit hervorrufen, aber bei Nicht-Erfüllung nicht automatisch zu Unzufriedenheit führen, denn sie sind eben nicht selbstverständlich.

Die Abbildung 27 macht diesen Zusammenhang noch einmal graphisch deutlich:

Abbildung 27: Wirkung von Penalty und Award-Faktoren in der Zusammenschau

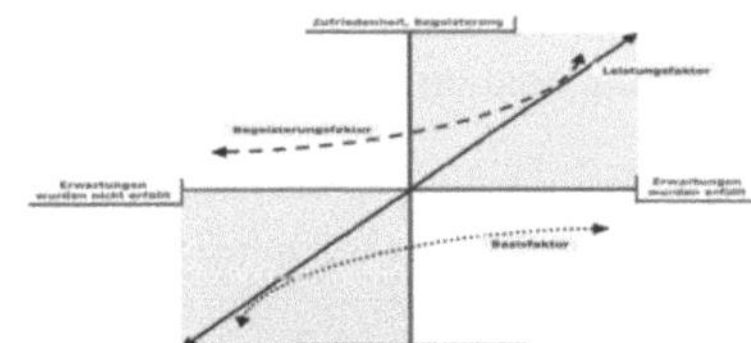

In einer etwas vereinfachten Form hilft die „PACA" also zu verdeutlichen, welche „Applications" („Fransen" – böse ausgedrückt: „Schnick-Schnack") wirklich notwendig sind und welche nicht, weil sie weder bei Erfüllung noch bei Nichterfül-

[20] In der (Un-) Zufriedenheitsforschung werden verschiedene „Zufriedenheitszustände" unterschieden: Die „Progressive Zufriedenheit" (Übererfüllung der Erwartungen und Wunsch nach Mehr); die „Stabilisierende Zufriedenheit" (Befriedigung der Erwartungen und Wunsch nach Bewahrung des Erreichten); die „Resignative Zufriedenheit" (Zufriedenheit aufgrund vorher herabgesetzter Erwartungen); die „Pseudozufriedenheit" (als Ausdruck einer Problemverdrängung bzw. -verleugnung); die „Fixierte Unzufriedenheit" (als Ausdruck einer Aussichts- und Hoffnungslosigkeit: „ohne Hoffnung"); die „Konstruktive Unzufriedenheit" (mit Ideen zur Überwindung der Situation) und das „Heitere Desinteresse" (als Ausdruck, „frei von Hoffnung" zu sein).

lung vom Kunden bemerkt und damit auch nicht „honoriert“ oder „sanktioniert“ werden.

Ist gleichzeitig der Aufwand überproportional hoch, ist ernsthaft zu überlegen, ob sich der Aufwand im Verhältnis zum Ertrag noch „rechnet“ bzw. „sich auszahlt“ oder „lohnt“ oder die (in der Regel ja knappen Ressourcen besser woanders einzusetzen wären. **Das ist im Kern die zweite Idee der PACA.**

Abbildung 28: Das Prinzip der „PACA“ im Überblick

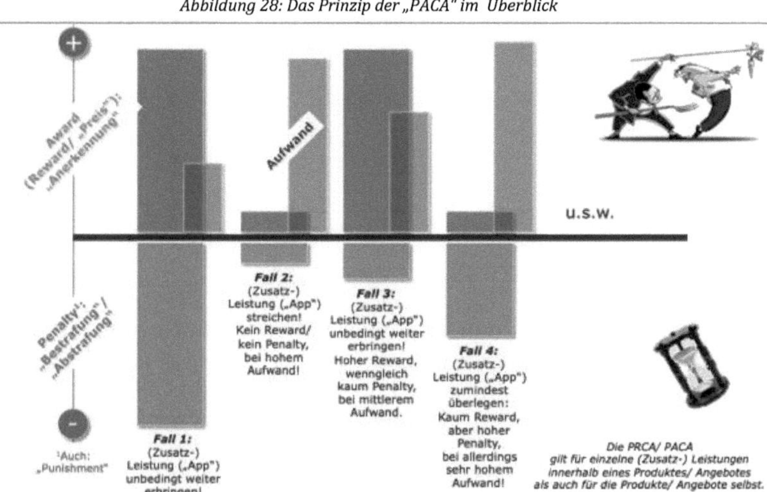

4.1.4 Zwei praktische Beispiele einer „PACA“

Im ersten der **beiden folgenden Beispiele** (Umzugsunternehmen) fällt auf, wie unterschiedlich Kunden auf die verschiedenen zusätzlichen bzw. besonderen Leistungsangebote im Regelfall (Ausnahmen bestätigen auch hier die Regel) reagieren:

- Sie honorieren das „Dringlichkeitsbewusstsein“ des Umzugsunternehmens und würden entsprechend negativ reagieren, wenn es ihnen nicht deutlich werden würde;
- sie sind positiv überrascht, wenn das Unternehmen sich in ihre Perspektive empathisch „eindenken“ und „einfühlen“ könnte (und würden das Gegenteil gar nicht bemerken);
- sie honorieren die „Ehrlichkeit der Präsentation“ nicht besonders (weil die Kunden das inzwischen für eine Selbstverständlichkeit halten), würden aber massiv Bedenken anmelden, wenn sie das Gefühl hätten, das Unternehmen spiele eventuell mit falschen Karten etc.

Abbildung 29: Beispiel 1 – Eine PACA für ein Umzugsunternehmen

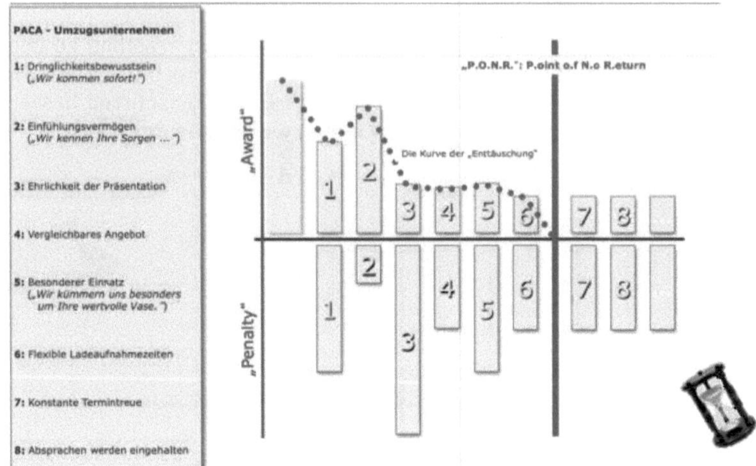

Etwas anders sieht die Verteilung bei einer AIDS-Beratungs- und Hilfestelle aus (hier nur ein Ausschnitt): Bestimmte Leistungen werden einfach erwartet, ganz egal, wie hoch der Aufwand ist. Und schlimmer: Werden die Leistungen nicht angeboten, stünde mit Sicherheit einiger Ärger ins Haus. Sehr deutlich wird dies am Beispiel der Beratung vor oder nach einem HIV-Test. Das gehört ohne Zweifel zum Kerngeschäft einer AIDS-Hilfe-Stelle und steht nicht zur Disposition, obwohl aufwändig.

Abbildung 30: Beispiel 2 - Eine „PACA" für ein AIDS-Hilfe-Projekt

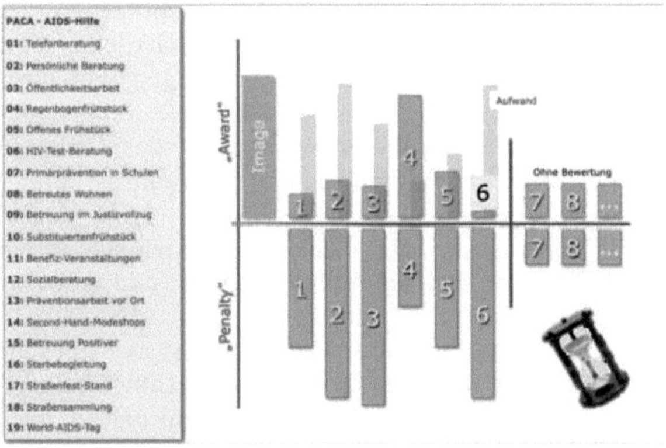

Die große Gefahr: die schleichende Veränderung des Qualitätsempfindens

Im Prozess des sich intensivierenden Kontaktes zwischen Kunde und Anbieter verändert sich das Qualitätsempfinden ... im besseren Fall bis zur Begeisterung (und Weiterempfehlung an Dritte), im schlechteren Fall bis zum „Point of no Return" einer „tiefen Enttäuschung"[21] (PONR), bei dem die Geschäftsbeziehung in der Regel unwiederbringlich abgebrochen wird .

Interessant ist immer auch die Frage in welchem Verhältnis der **Aufwand** (hell eingefärbte Balken in den Abbildungen 28 und 30) zum Ertrag steht. Der Aufwand ist dabei sowohl

- monetär („Was kostet uns das, in Geld ausgedrückt?") als auch
- nicht-monetär zu verstehen („Wollen wir das wirklich? – oder handelt es sich lediglich um eine ungeliebte Verpflichtung?"; „Können wir das?"; „Werden wir das auch – **zeitlich, personell, instrumentell, methodisch, fachlich** ... – bewältigen?"; „Dient es lediglich unserer Legitimation nach Außen oder hat jemand auch etwas davon?"; „Ist der Aufwand auch sachrational begründet oder ist er lediglich Ausdruck unserer ‚Technikverliebtheit'?". Die Liste selbstreflektierender, kritischer Fragen ließe sich fortsetzen.

Aber auch die Frage des **Ertrags**[22] ist von Bedeutung, denn auch hier wird zwischen dem

- „primären „(Kapital-) Ertrag" (in Form von monetären oder quasi-monetären – z.B. Zinsgutschriften – Erträgen) und dem
- „sekundärem (Kapital-) Ertrag (Image, Steigerung der Motivation bei den Beschäftigten, Innovation, Entwicklungsmöglichkeiten ...) unterschieden.

Beide Betrachtungsweisen lohnen sich in jedem Fall, um besser eine der zentralen Fragen jedes „Unternehmens" beantworten zu können:

**Was tun wir
zu welchen Bedingungen, für wen,
mit welchem Erfolg
und zu welchen „Kosten"?**

4.1.5 Fazit

- Wenn „es"[23] also von der Belegschaft u. Anderen weder „geliebt" wird, noch „es"[23] in irgendeiner Form „profitabel" erscheint;
- Wenn „es"[23] weder „in der Anstalt" innen, noch „draußen im Lande" positiv oder negativ bemerkt und schon gar nicht honoriert bzw. sanktioniert wird;
- Wenn der Aufwand gleichwohl (zu) hoch ist und das angestrebte Ergebnisziel keineswegs rechtfertigt;
- Wenn die Wirkzusammenhänge (noch) gar nicht allen wirklich ganz klar und verständlich sind.

Wenn das (zumindest zum Teil) so ist ... **DANN LASST „ES"[23]!!!**

---

[21] „Ent-täuschung" bedeutet ja nichts anderes, dass man selbst einer „Täuschung" erlegen war, „getäuscht" wurde und/ oder sich selbst hat (gerne) „täuschen" wollen – und diese „Täuschung" ist sozusagen nun „weg" („ent-").

[22] Das ließe sich in einem weiteren, gesonderten Balken darstellen.

[23] „es" symbolisiert den zu untersuchenden Zusammenhang.

4.2 Das Pareto-Prinzip

»Viele versäumen Wichtiges in ihrem Leben,
weil es ihnen ungeheuer wichtig ist, nichts zu versäumen.« (ERNST FERSTL)

Abbildung 31: Dass Pareto-Prinzip, mit Auswertungsvarianten

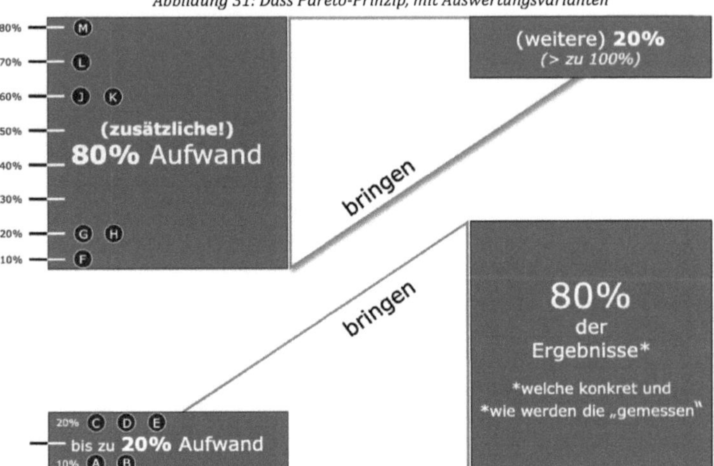

Die **„80:20-Regel"** (auch „Pareto-Prinzip" genannt) stammt von VILFREDO PARETO, einem Ökonomen aus dem 19. Jahrhundert. PARETO hat sich mit der Verteilung des Reichtums in Italien beschäftigt und herausgefunden, dass 20% der Bevölkerung 80% des Reichtums besaßen.

Das war einmal. In Folge des galoppierenden und zunehmend globalisierten „Neoliberalismus" den (ethisch-moralischen) Denkens und (wirtschaftlichen) Handelns haben sich die Verhältnisse zuungunsten der Ärmeren (nicht nur in Italien, sondern überall auf der Welt!) - auch in Deutschland - verschoben, wie neuere Berechnungen des „Deutschen Instituts für Wirtschaftsforschung (DIW)" z.B exemplarisch für Deutschland zeigen und wie man es - für die Welt - dem Bericht z.B. von „oxfam" entnehmen kann.

1. *OXFAM für die Welt:*

«8 Männer besitzen so viel wie die ärmere Hälfte der Weltbevölkerung« (s. Abbildung 32*)*

Unfassbar: Acht Milliardäre besitzen genauso viel Vermögen wie die ärmere Hälfte der Weltbevölkerung. Oxfams aktuelle Studie zeigt: Die Lücke zwischen Arm und Reich ist größer als bisher angenommen. Wir brauchen endlich eine Politik, die Menschen statt Profite in den Mittelpunkt stellen.

Abbildung 32: Die acht reichsten Männer dieser Erde – verfügen so viel wie die ärmeren 50%

Rang	Person	Konzern	Nettovermögen
1	Bill Gates	Microsoft	75,0 Milliarden US$
2	Amancio Ortega	Inditex	67,0 Milliarden US$
3	Warren Buffett	Berkshire Hathaway	60,8 Milliarden US$
4	Carlos Slim Helu	Grupo Carso	50,0 Milliarden US$
5	Jeff Bezos	Amazon	45,2 Milliarden US$
6	Mark Zuckerberg	Facebook	44,6 Milliarden US$
7	Larry Ellison	Oracle	43,6 Milliarden US$
8	Michael Bloomberg	Bloomberg LP	40,0 Milliarden US$
Summe reichste 8 Personen			426,2 Milliarden US$
Ärmste 50 % der Weltbevölkerung			409,1 Milliarden US$

Soziale Ungleichheit krasser als bisher bekannt

Jedes Jahr analysiert OXFAM die Statistiken zur weltweiten Vermögensverteilung. Die neuesten Erhebungen haben wir zum Auftakt des Weltwirtschaftsforums in Davos in unserem Bericht ‚An Economy for the 99 Percent' veröffentlicht. Dabei konnten wir auf noch bessere Daten als in den vergangenen Jahren zugreifen. Das Ergebnis: Die acht reichsten Milliardäre – alles Männer – besaßen im Jahr 2016 mehr Vermögen als die gesamte ärmere Hälfte der Weltbevölkerung

Der neue OXFAM-Bericht zeigt außerdem, dass das reichste Prozent der Weltbevölkerung 50,8 Prozent des weltweiten Vermögens besitzt – und damit mehr als die restlichen 99 Prozent zusammen.

Auch reiche Länder sind von sozialer Ungleichheit betroffen: In Deutschland besitzen 36 Milliardäre so viel Vermögen (297 Milliarden US-Dollar) wie die ärmere Hälfte der Bevölkerung, das reichste Prozent besitzt rund ein Drittel des gesamten Vermögens (31 Prozent; 3,9 Billionen US-Dollar).

Vorteile auf Kosten des Allgemeinwohls

Die Konzentration von Reichtum in den Händen weniger nimmt ständig zu, während Hunderttausende nicht genug zu essen haben und Milliarden Menschen mehr schlecht als recht leben. Das hängt auch mit der Macht internationaler Konzerne zusammen: Sie nutzen aggressive Steuervermeidungs-Techniken, verschieben ihre Gewinne in Steueroasen und treiben Staaten in einen ruinösen Wettlauf um Niedrigsteuersätze.

Die Verlierer sind wir alle! Am stärksten trifft es die Menschen in armen Ländern. Durch Steuervermeidung fehlen diesen Staaten derzeit mindestens 100 Milliarden US-Dollar pro Jahr. (...)

Vielerorts stagnieren die Reallöhne, während Manager und Großaktionäre sich jedes Jahr steigende Millionenbeträge genehmigen. Weltweit fühlen sich immer mehr Menschen abgehängt und verlieren den Glauben an die Demokratie. So bereitet Ungleichheit den Boden für Rechtspopulisten und andere Feinde einer solidarischen Gesellschaft.»

(Bericht OXFAM 2017; in: www.oxfam.de/ueber-uns/aktuelles/2017-01-16-8-maenner-...)

2. Das DIW für Deutschland

Abbildung 33: Vermögensverteilung in Deutschland

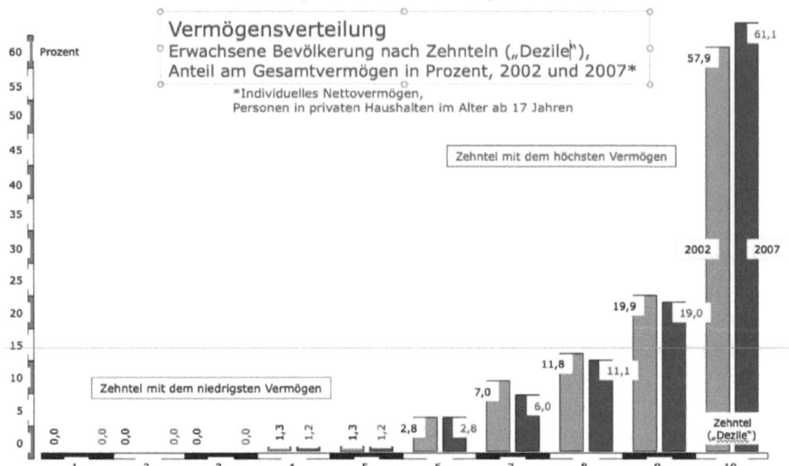

Quelle: SOEP[24]; Berechnungen des DIW Berlin

So konnte man das Pareto-Prinzip derzeit eher als 99:1-Verhältnis bezeichnen.

PARETO und andere Ökonomen und Soziologen haben gleichwohl immer wieder über viele Jahre nach dem „80:20-Verhältnis" geforscht und es auch immer wieder in ganz verschiedenen Lebensbereichen bestätigt gefunden.

Das **„Pareto-Prinzip"** kann also bei vielen - auch alltäglichen - Fragestellungen beobachtet werden. In der Literatur tauchen daher an sehr vielen Stellen immer wieder dieselben Beispiele auf:

- 20 % der eingesetzten Zeit bringen 80 % der Ergebnisse (dies ist auch gerade für das Thema „Individuelles Zeitmanagement" für jeden von uns bedeutsam).
- In einem durchschnittlichen Haushalt verursachen 20 % der Kostenpositionen 80 % der Kosten.
- In einer Wohnung weisen 20 % des Teppichs 80 % der Gesamtabnutzung auf.
- In einem Unternehmen werden 80 % des Umsatzes mit 20 % der Kunden erzielt.
- 80 % eines Textes werden mit 20 % des durchschnittlichen Deutschen Wortschatzes bestritten (z.B. der, die, das usw.).

[24] Das Sozio-oekonomische Panel (SOEP) ist eine unabhängige forschungsbasierte Infrastruktureinrichtung. Die aus der SOEP-Befragung gewonnenen Daten werden Forschenden aus der ganzen Welt zur Verfügung gestellt. Darüber hinaus sind sie Grundlage für die Forschung der MitarbeiterInnen des DIW Berlin.

Weitere Beispiele:

- **Größe von menschlichen Siedlungen**: Viele kleine Dörfer mit wenig Einwohnern, die Masse der Menschen aber wohnt in wenigen großen Städten.
- **Werte im Lager eines Industrieunternehmens**: Viele Schrauben etc., die nicht viel kosten, aber wenige sehr teure Zukaufsartikel.
- **Aufwände bei Vorhaben** (s. Abbildung 31): 20 % Aufwand bringen 80 % Ergebnis, die restlichen 20 % des Ergebnisses aber (ver-)brauchen 80 % des gesamten Aufwandes.
- 75 % des **Welthandels** finden unter 25 % der Menschen statt.
- 80 % aller **Supportanfragen im Internet** beziehen sich immer wieder auf die gleichen 20 % (oder weniger) der Problemstellungen.
- 20 % eines **geöffneten Fensters** bringen bereits 80 % der möglichen Helligkeit.
- 20% der **Kunden eines Unternehmens** machen 80% des Umsatzes aus.
- 20% der **Websites im Internet** machen 80% des Datenvolumens aus.
- 80% der **Verarbeitung in einem Computer** wird durch 20% der Befehle abgearbeitet.
- **Mit 20% (altem) Wissen** kann ein Allgemeinmediziner/ Hausarzt 80% der Krankheiten in seiner Praxis recht erfolgreich behandeln.

Das sind nur einige Beispiele. Das Prinzip ist offenkundig universell und auch naturwissenschaftlich determiniert.

Die Pareto-Verteilung wird überdies in der Versicherungs- und Finanzmathematik zur Modellierung von extremen Ereignissen (z.B. Großschäden, starke Kursveränderungen von Aktien u.s.w.) eingesetzt.

Das Pareto-Prinzip erinnert u.a. auch an das „Grenzkostenphänomen" in der Betriebswirtschaftslehre (alllerdings in einer etwas anderen Konnotation[25]): Die letzten 20% bis zur Vollendung einer Arbeit machen einfach keinen Spaß mehr

„Der systemtheoretische Grundgedanke dahinter ist, dass es in Systemen selten zu einem Ausgleich (50:50), sondern immer zu gewissen Konzentrationen kommt. Das heißt, in jedem System (z.B. Wetter, Wirtschaft, Familie, wir selbst) gibt es einige wenige Punkte, die einen überproportional großen Einfluss auf das Gesamtsystem haben (sog. ‚Pivot-Punkte' oder ‚Attraktoren'[26])."

(In.: www.zeitzuleben.de/das-80-20-Prinzip/

[25] Die **Grenzkosten** (auch Marginalkosten) sind in der Betriebswirtschaftslehre und der Mikroökonomik die Kosten, die durch die Produktion einer zusätzlichen Mengeneinheit eines Produktes entstehen.

[26] **Pivot**: Dreh-, Angelpunkt, Schlüsselfigur. **Pivot-Tabelle**: Ein in der Mathematik/ Statistik vielfach genutztes „Tool" ... ist ein mächtiges Instrument, um Daten, die in Tabellenform vorliegen, strukturiert auszuwerten. In ihr werden die Ursprungsdaten so zusammengefasst, dass wichtige Eigenschaften der Daten pointiert dargestellt sind.

Attraktor (von lat. *«adtrahere», „anziehen, sich anziehen"*) bedeutet im Grunde etwas ganz Ähnliches. Ein Atraktor ist ein Punkt, ein Zusammenhang, um den es sich zentral immer wieder dreht. Die Bevölkerungsdichte wäre so ein Attraktor, wenn es um die Erklärung geht, warum bestimmte Wohngebiete zu sozialen Brennpunkten „verkommen".

Übertragen auf unser Leben heißt das, dass 20% der eigenen Anstrengungen für 80% unseres persönlichen Erfolges verantwortlich wären.

Folgt man diesem Gedanken, erscheint es nützlich, sich bei den eigenen Handlungen vorrangig auf die 20% zu konzentrieren, die den größten Erfolg bringen und die restlichen Dinge eher „stiefmütterlich" zu behandeln.

Auch hier ist sich die Fachöffentlichkeit einig in ihren Empfehlungen:
Deswegen macht es vermutlich Sinn, so das entsprechende Credo vieler Autor*innen, wenn Menschen:

- erkennen, welche ihrer Tätigkeiten zu den 20% gehören, die den meisten Erfolg bringen,
- hauptsächlich und immer zuerst diese 20%-Tätigkeiten tun,
- erkennen, welche Tätigkeiten eigentlich überflüssig sind,
- diese überflüssigen Tätigkeiten sein lassen oder einschränken,
- lernen, „Nein" zu sagen, zu dem, was den eigenen Zielen oder dem Wohlbefinden nicht förderlich ist und
- lernen, die zusätzliche freie Zeit zu genießen, die sie gewinnen, wenn sie sich auf die wirklich wichtigen Dinge in Ihrem Leben konzentrieren.

Dazu passt wunderbar die kleine Parabel im Anschluss:

4.2.1 Exkurs: Die Geschichte vom Blumentopf und dem Bier

Ein Professor stand vor seiner Philosophie-Klasse und hatte einige Gegenstände vor sich.

Als der Unterricht begann, nahm er wortlos einen sehr großen Blumentopf und begann diesen mit Golfbällen zu füllen.

Er fragte die Studenten, ob der Topf nun voll sei.
Sie bejahten es.

Dann nahm der Professor ein Behältnis mit Kieselsteinen und schüttete diese in den Topf.
Er bewegte den Topf sachte und die Kieselsteine rollten in die Leerräume zwischen den Golfbällen.

Dann fragte er die Studenten wiederum, ob der Topf nun voll sei.
Sie stimmten zu.

Der Professor nahm als nächstes eine Dose mit Sand und schüttete diesen in den Topf. Natürlich füllte der Sand den kleinsten verbliebenen Freiraum.

Er fragte wiederum, ob der Topf nun voll sei.
Die Studenten antworteten einstimmig „Ja".

Der Professor holte zwei Dosen Bier unter dem Tisch hervor und schüttete den ganzen Inhalt in den Topf und füllte somit den letzten Raum zwischen den Sandkörnern aus.
Die Studenten lachten.

„Nun", sagte der Professor, als das Lachen langsam nachließ.

„Ich möchte, dass Sie diesen Topf als die Repräsentation Ihres Lebens ansehen.

Die Golfbälle sind die wichtigen Dinge in Ihrem Leben: Ihre Familie, Ihre Kinder, Ihre Gesundheit, Ihre Freunde, die bevorzugten, ja leidenschaftlichen Aspekte Ihres Lebens, welche, falls in Ihrem Leben alles verloren ginge und nur noch diese verbleiben würden, Ihr Leben trotzdem noch erfüllend wäre.
Die Kieselsteine symbolisieren die anderen Dinge im Leben wie Ihre Arbeit, ihr Haus, Ihr Auto.

Der Sand ist alles andere, die Kleinigkeiten.

Falls Sie den Sand zuerst in den Topf geben", fuhr der Professor fort, *„hat es weder Platz für die Kieselsteine noch für die Golfbälle. Dasselbe gilt für Ihr Leben.*

Wenn Sie all' Ihre Zeit und Energie in Kleinigkeiten investieren, werden Sie nie Platz haben für die wichtigen Dinge.

Achten Sie auf die Dinge, welche Ihr Glück gefährden.
Spielen Sie mit den Kindern.
Nehmen Sie sich Zeit für eine medizinische Untersuchung.
Führen Sie Ihren Partner zum Essen aus.

Es wird immer noch Zeit bleiben, um das Haus zu reinigen oder Pflichten zu erledigen.

Achten Sie zuerst auf die Golfbälle, die Dinge, die wirklich wichtig sind. Setzen Sie Ihre Prioritäten.
Der Rest ist nur Sand."

Einer der Studenten erhob die Hand und wollte wissen, was denn das Bier repräsentieren solle.

Der Professor schmunzelte: *„Ich bin froh, dass Sie das fragen.*
Es ist dafür da, Ihnen zu zeigen, dass, egal wie schwierig Ihr Leben auch sein mag, es immer noch Platz hat für ein oder zwei Bierchen."

(in: Der lachende Manager; COMMUNICATION-COLLEGE.DE und anderswo)

4.3 Das „Eisenhower-Fenster"

„Das sogenannte ***Eisenhower-Prinzip*** *(auch: Eisenhower-Methode, Eisenhower-Matrix) ist eine in der Ratgeber- und Consulting-Literatur oft referenzierte Möglichkeit, anstehende Aufgaben in Kategorien einzuteilen. Dadurch sollen die wichtigsten Aufgaben zuerst erledigt und unwichtige Dinge aussortiert werden. Es gibt keine Hinweise darauf, dass der namensgebende US-Präsident und Alliierten-General Dwight D. Eisenhower sie selbst praktiziert oder gelehrt hätte. Der Bezug auf Eisenhower geht vielmehr auf eine Rede zurück, in der er 1954 einen ungenannten früheren Hochschulpräsidenten folgendermaßen zitierte:*
«I have two kinds of problems, the urgent and the important. The urgent are not important, and the important are never urgent.»"

Das Prinzip dieser klassischen 4-Felder-Matrix ist aus der Abbildung 34 m.E. gut ersichtlich

Abbildung 34: Die Eisenhower-Matrix

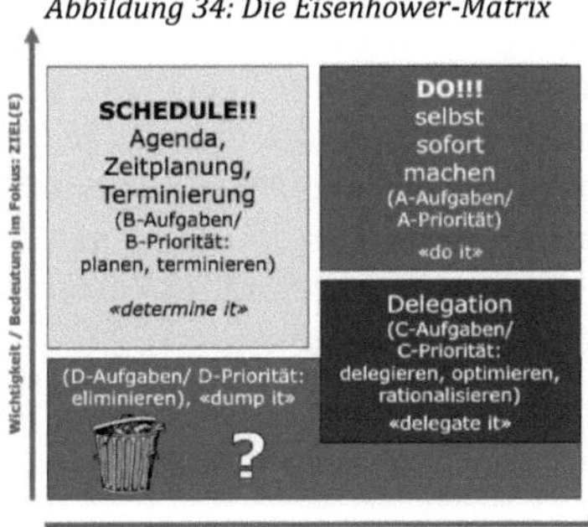

Dabei aber gibt es ein zu wenig beachtetes Phänomen: Zwar wissen wir Menschen ziemlich genau, dass wir all` die Dinge, die weder „wichtig" noch „dringend" sind, am besten „sein lassen" sollten (Bild: „Tonne")!

Aber dagegen sprechen dann doch einige typische Umstände (s. das Feld „?"):

- GENAU DIESE Aufgabe macht uns Freude und bringt uns Spaß;
- Wir zeigen mit dieser Aufgabe *ge*-schäftigt, ohne *be*-schäftigt zu sein – das hat den Vorteil, dass wir dann keine neuen Aufgaben „übergeholfen bekommen";
- DIESE Aufgabe ermöglicht uns ein Klagen auf hohem Niveau, ohne dass wir allerdings leiden müss(t)en;
- (nur) mit DIESER Aufgabe bekommen wir die nötige Anerkennung, die uns zusätzlich motiviert;
- DIESE Aufgabe beherrschen wir aus dem Effeff[27] (andere nicht so);
- DIESE Aufgabe schafft Nähe zu ... (wem oder was?);
- DIESE Aufgabe sichert uns im „Wettbewerb" (um was?) den „Sieg";
- DIESE Aufgabe sichert uns insgesamt unsere, sonst fragile, Selbstbestätigung;

So gesehen ist das Modell durchaus bestechend und funktioniert auch, wenn man es konsequent zur Differenzierung von Aufgaben (aber auch grundsätzlicher, bezogen auf: „besondere Vorhaben", „Projekte" etc.) anwendet, hat aber dann seine Nachteile, wenn es von der unbedingten Rationalität der Menschen ausgeht und deren typische „kleine Schwächen" nicht berücksichtigt.

4.4 ABC-Analyse

„Zusammenfassung und Zweck" («Z&Z») des Kapitels (für den eiligen Leser, die eilige Leserin die zentralen Aspekte, die Kernpunkte):

Die ABC-Analyse (Programmstrukturanalyse) ist ein betriebswirtschaftliches Analyseverfahren. Sie teilt eine Menge von Objekten in die Klassen A, B und C auf, die nach absteigender Bedeutung geordnet sind. Eine typische ABC-Analyse gibt beispielsweise an, welche Produkte oder Kunden am stärksten am Umsatz eines Unternehmens beteiligt sind (A) und welche am wenigsten (C).

Die ABC-Analyse wurde von H. FORD DICKIE, einem Manager bei GENERAL ELECTRIC, im Jahr 1951 in seinem Artikel *„ABC Inventory Analysis Shoots for Dollars, not Pennies"* erstmals beschrieben. Grundlage der Methode bildeten die Arbeiten von VILFREDO PARETO, mit dessen „80/20 Regel" (Paretoprinzip) sowie die nach MAX OTTO LORENZ benannte Lorenz-Kurve. Damit fanden deren Erkenntnisse in der Theorie der Unternehmensführung ihre Anwendung.

DICKIE stellt in seinem Artikel klar, dass die ABC-Analyse dabei hilft, sich auf das Wesentliche zu fokussieren und beschreibt fünf Vorteile der Methodik.

- Verbesserung von Planungsprozessen

[27] **ff** steht für „folgende Seiten": Wer etwas **„aus dem Effeff"** (**ff.**) kann, beherrscht nach dieser Erklärung nicht nur einen Einzelaspekt, sondern auch alle folgenden „Seiten" des Themas. Kaufleute bezeichnen seit **dem** 17. Jahrhundert „feine" Waren mit «f» («fino»), «**ff**» steht dabei für „sehr fein" («finissimo»).

- Reduzierung der Lagerkosten
- Verminderung von Verwaltungskosten
- Erhöhung des Gewinns
- Motivation der Controlling-Mitarbeiter

Auffallend auch *bei der* bzw. *durch die* „ABC-Analyse“: Menschen tun aus ganz unterschiedlichen Gründen nicht das, was eigentlich nötig und sinnvoll wäre.

Erfolgreiche Menschen zeichnen sich u. a. dadurch aus, dass sie sich konzentrieren, d. h. sich zu einem bestimmten Zeitpunkt nur einer Aufgabe – und der ganz – widmen können.
Dennoch erledigen sie vieles und ganz Verschiedenes in der ihnen zur Verfügung stehenden Zeit.
Voraussetzung hierfür ist, dass sie sich Prioritäten setzen und so entscheiden, welche Aufgaben erstrangig, zweitrangig und nachrangig zu bearbeiten sind.

Das Kriterium zur Bestimmung von Prioritäten ist die **Wichtigkeit** der Aufgabe.

Die **Wichtigkeit** einer Aufgabe bemisst sich nach ihrer Dringlichkeit bzw. ihrem Beitrag zur Zielerreichung. Hilfreiche Fragen zur Bestimmung der Wichtigkeit von Aufgaben sind: *Wie dringlich ist die Aufgabe? Welchen Beitrag leistet die Erfüllung dieser Aufgabe zur Erreichung meiner Ziele? Lässt sich die Aufgabe delegieren?*

A-Aufgaben sind sehr wichtig. Sie leisten einen hohen Beitrag zur Zielerreichung. Sie verdienen hohen Ressourceneinsatz (Zeit, Konzentration, Energie, Kreativität...).
„Ich delegiere sie nur, wenn ich weiß, dass andere sie gleich gut oder besser erfüllen können. Für A-Aufgaben reserviere ich die Tageszeit, zu der meine Leistungsfähigkeit am größten ist!“

B-Aufgaben sind wichtig. Sie verdienen einen mittleren Ressourceneinsatz.

C-Aufgaben haben einen geringen Wert für die Erfüllung der eigenen Ziele. Sie verdienen nur einen geringen Ressourceneinsatz und können im Zweifel delegiert oder vernachlässigt werden.

Häufig allerdings steht die tatsächliche Zeitverwendung **in einem krassen Gegensatz** zum Wert der Aufgaben – **und das ist eben** – wie schon angedeutet – das **eigentliche Problem** (s. Abbildung 35):

Abbildung 35: ABC-Analyse; das Übliche

Wert der Tätigkeit
65 %
20 %
15 %
DAS IST DIE REALITÄT!: SO IST ES FAST IMMER!
A-Aufgaben
B-Aufgaben
C-Aufgaben
15 %
20 %
65 %
Tatsächlicher Zeitaufwand

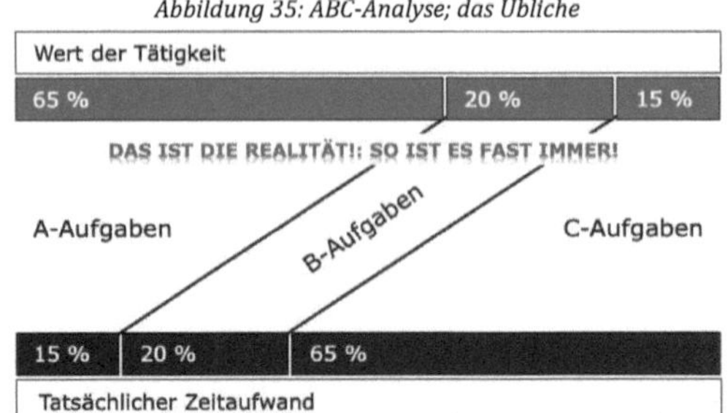

Sehr viel besser (effizienter UND effektiver) wäre daher die Verteilung in Abbildung 36, weil die ja immer zu knappe Zeit und die wie immer zu knappen Ressourcen anderer Art dort eingesetzt werden, wo sie sozusagen „hingehören:

Abbildung 36: ABC-Analyse; das Neue, Bessere

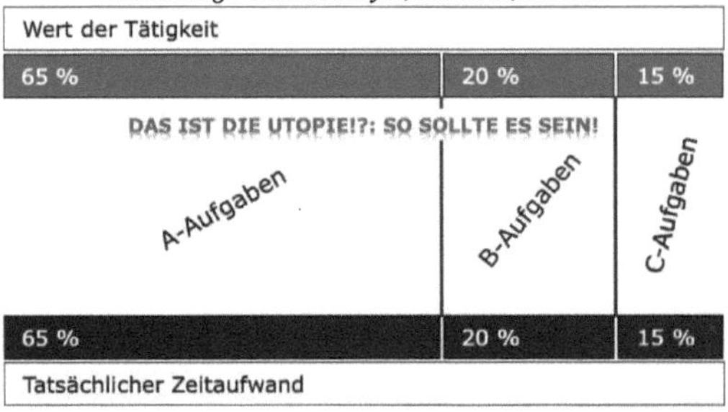

Wert der Tätigkeit
65 %
20 %
15 %
DAS IST DIE UTOPIE!?: SO SOLLTE ES SEIN!
A-Aufgaben
B-Aufgaben
C-Aufgaben
65 %
20 %
15 %
Tatsächlicher Zeitaufwand

Dies ist der tiefere Sinn der „ABC-Analyse" (die ja im Übrigen stark an das „Pareto-Prinzip" erinnert und auch ganz ähnlich gedacht ist): Es geht letzten Endes darum, ein reflektiertes Bild über den Ist- und den Soll-Zustandes zum Einsatz aller Ressourcen im „Unternehmen" zu bekommen, um dann entsprechend strategisch (um-) planen zu können. Die „A-", „B-" und „C-"Aufgaben müssen natürlich vorher identifiziert und dann zur besseren Übersicht in die jeweiligen Felder eingetragen werden. Auch hier wäre dann der „Akt der Veranschaulichung" der Vorteil gegenüber anderen Verfahren, z.B: der Bildung von spröde anmutenden „Datenkolonnen" oder des Verfassens von „Textwüsten".

Deswegen passt an dieser Stelle ein sehr bekanntes Beispiel einer i.d.S. überaus gelungenen „Veranschaulichung", die sog. „Lorenz-Kurve"[28].

Die ärmsten 50 % der Haushalte verfügen im Beispiel über zirka 27 % des gesamten Einkommens (in der durchgezogenen Kurve); die ärmsten 80 % verfügen hier dementsprechend über etwa 60 % des Einkommens. Natürlich lässt

[28] Die **Lorenz-Kurve** wurde 1905 vom US-amerikanischen Statistiker und Ökonomen Max Otto Lorenz (1876–1959) entwickelt. Sie stellt statistische Verteilungen grafisch dar und veranschaulicht dabei das Ausmaß an *Disparität (Ungleichheit)* respektive *relativer Konzentration* innerhalb der Verteilung; deshalb wird sie auch als **Disparitätskurve** betitelt.

sich daraus auch ablesen, dass die restlichen 40 % des Einkommens auf die reichsten 20 % der Haushalte entfallen.

Die gestrichelte Kurve unterhalb des Pfeils stellt darüber hinaus eine noch ungleichere Einkommensverteilung dar. Hier verfügen die ärmsten 50 % nur über ca. 15 % des Einkommens.

Ich hatte diesen Zusammenhang in Verbindung mit dem Pareto-Prinzip und der Einkommensverteilung unseres Planeten bereits erörtert.

Das alles hat mit der Thematik dieses Buches erst einmal wenig zu tun; auf den zweiten Blick gleichwohl schon, weil die Systematik der „Lorenz-Kurve" in besonderer Weise deutlich macht, wie über gelungene Formen der *Veranschaulichung* der Informationswert deutlich steigt!

Abbildung 37: Die „Lorenz-Kurve"

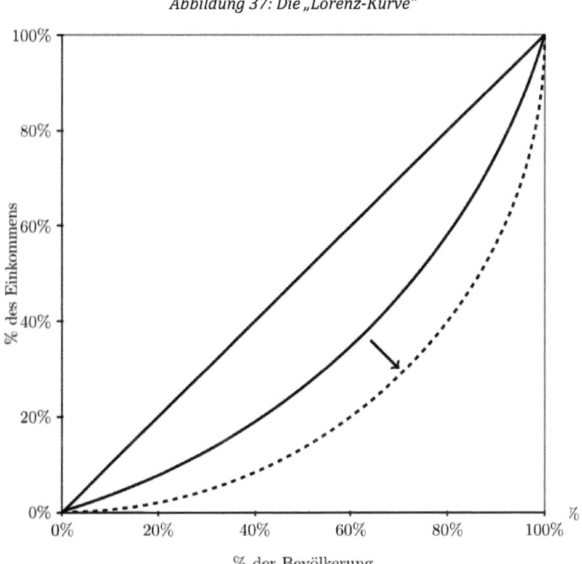

5. Kapitel: Gefahren bei Analysen:
5.1 Das Problem von Meinungen & Einschätzungen

„Zusammenfassung und Zweck" («Z&Z») des Kapitels (für den eiligen Leser, die eilige Leserin die zentralen Aspekte, die Kernpunkte):

Alle Analysen dieser Art (und damit natürlich auch die „Portfolio- und die SWOT-Analyse" haben daher einen weiteren, durchaus ernst zu nehmenden, **Nachteil**: Sie sind das Ergebnis von mehr oder minder „intuitiv" (s.u.) getroffenen Einschätzungen (persönlichen Meinungen) „im Moment" (!), derer, die mehr oder minder betroffen sind und natürlich von ihren individuellen Interessen geleitet werden, die ihnen überdies sogar nicht immer so recht bewusst sind!

Das Kapitel beleuchtet die damit verbundenen typischen Phänomene sowie ihre Hintergründe, gibt durch kluge Zitate kluger Menschen Orientierungshilfe und schlägt – neben der immer wichtigen Vertiefung von Erkenntnissen („Wissen hilft immer!") – eine zentrale Lösung vor („Dialog"!), wie man sie umgehen könnte.

These: Wir Menschen, wir alle!, nehmen unsere Umwelt durch unsere ganz individuelle „Brille" wahr und das bedeutet eben auch, dass unsere „Wahr-nehmung"[29] in der Regel verzerrt ist.

Rolf Dobelli hat in mehreren kleinen Büchlein – s. Literaturliste – diese Wahrnehmungsfehler ausführlich beschrieben; wir sind ihnen, ob wir wollen oder nicht, täglich ausgeliefert, weil es zu unserer „Natur" gehört, Teil unseres „Wesens" ist.[30]

Umso mehr, je mehr wir emotional beteiligt sind. Und das sind wir stark, wenn es um die Zukunft „unseres" „Unternehmens" geht und damit womöglich auch um unsere eigene.

Entsprechend verlaufen Gespräche jeder Art über den Ist- und besonders auch über den Soll-Zustand des „Unternehmens" und die damit verbundenen Strategien einer Veränderung nie so ganz „ehrlich" und authentisch, sondern sind immer auch mehr oder minder taktisch geprägt, umso mehr, je mehr die Beteiligten zu verlieren haben – und sei es „nur" „ihr Gesicht".

Sicher, das Ganze wird durch harte Zahlen, Daten und Fakten unterstützt und damit auch objektiviert und muss es auch – aber ein Rest Skepsis wird und muss auch bleiben, denn die Analytiker sind eben „auch nur" Menschen!

Ich will dieses kleine, aber typische Dilemma an zwei Beispielen deutlich machen und damit auf diesen wirklich **zentralen Problemaspekt** der Portfolio-, SWOT- und aller anderen Analysemethoden noch einmal hinweisen:

---

[29] „Wahr-nehmung" bedeutet ja im Wortsinn, etwas für „wahr" zu nehmen, was ja nicht „wahr" sein muss, sondern nur „wahr" „scheint", also allenfalls „wahr-scheinlich" ist. „Wahr-nehmungen" können – und sind es i.d.R. – daher sehr unterschiedlich sein.

Anders ausgedrückt: Wir glauben häufig, die „Wahrheit" zu sehen, doch wir missverstehen ihre Bedeutung.

Oder: *„Viele Lehren sind wie eine Fensterscheibe. Durch sie sehen wir die Wahrheit, aber sie trennt uns von der Wirklichkeit."* (Khalil Gibran)

[30] Wen es näher interessiert, der lese die Grundlagen: Kahnemann und Dörner – s. ebenfalls Literaturliste –.

!!!Die Analyse ersetzt die Entscheidung über strategische Ziele nicht und diese Entscheidungen sind in der Regel nicht „objektiv", also frei von inneren Einflüssen der Entscheider und äußeren Einflüssen Dritter oder der wechselnden Umstände!!!

Die beiden Beispiele:

Abbildung 38: Der VW-Golf (Modell 5) in der Bewertung potenzieller Kunden

Fokussiertes Qualitätsempfinden (1): hohe Varianz, geringe Eindeutigkeit

eindeutig +/- | eindeutig +/+ | Feld der diffusen und individuell unterschiedlichen Bewertung von Preis und Qualität | Hier scheiden sich die Geister bisweilen | eindeutig -/- | eindeutig -/+ | Preis | Qualität

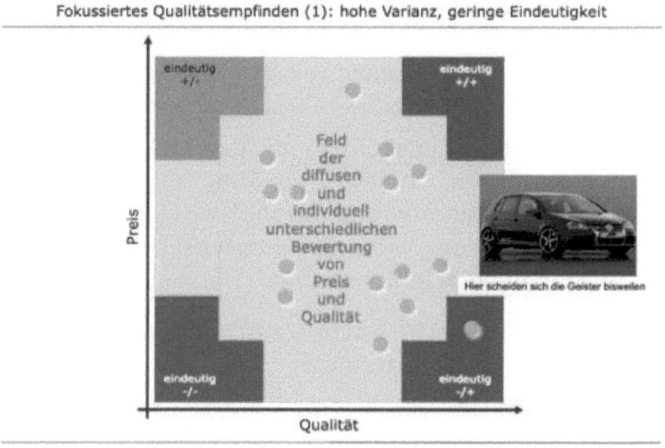

Der VW-Golf ist ohne Zweifel insgesamt ein „gutes" Auto, die Einzelbewertungen von hier 14 Testteilnehmer*innen bezogen auf den Preis und die (besondere!) Qualität unterscheiden sich gleichwohl – zum Teil beträchtlich.

Abbildung 39: Der Porsche 911 Carrera in der Bewertung potenzieller Kunden

Fokussiertes Qualitätsempfinden (2): geringe Varianz, hohe Eindeutigkeit

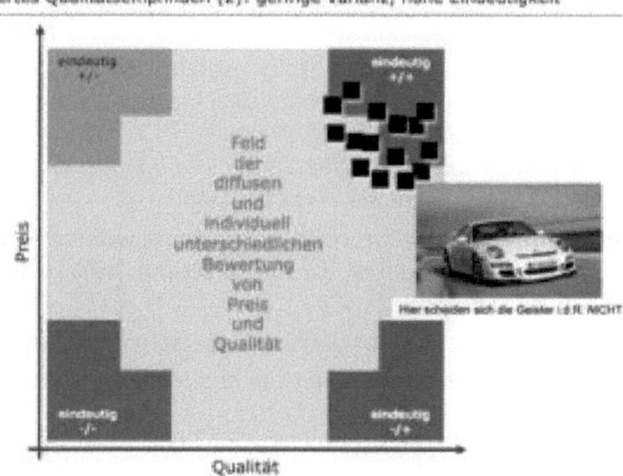

Das sieht beim Porsche Carrera (auch noch in Weiß!) ganz anders aus *(das Auto war mal für eine ganze Generation von Männern ein Traum).*

Hier ist klar und wird von den 15 Testteilnehmer*innen auch so bewertet: Das Auto ist sehr (!) gut bis exzellent, aber eben – leider – auch sehr teuer.

Fazit: Bewertungen/ Einschätzungen sind fast immer das Ergebnis höchst komplexer mentaler Prozesse (auf die näher einzugehen, hier nicht der Raum ist) und das Ergebnis ist häufig nur dann valide und reliabel, wenn die Bewertungsobjekte, deren „Performance" also, sich sehr deutlich, sozusagen „auf einen Blick" unterscheiden.

Davon aber ist bei „Ist"- und „Soll"-Bewertungen im Rahmen einer Strategiediskussion nicht unbedingt auszugehen.

Was hilft? Sicher die methodische Untersetzung z.B. durch die „Portfolio-Analyse" und dazu ein insgesamt offen und ehrlich geführter und zudem gut moderierter **„Dialog"** („Dialog": *„Das Fließen von Sinn"*, so jedenfalls MARTIN BUBER, s. auch u.) zwischen und mit den Beteiligten (s.a. „Vorwort").

Trotzdem: Es ist schon ein „eigen Ding" mit der Meinung und den Wahrnehmungen der Menschen. „Eigen" im doppelten Sinn: „eigen" als ganz eigenes (das drückt sich auch im Wortstamm von Mein-ung[31] aus: „Meins!") und „eigen" i. S. eher von „eigenartig", „schwierig" als „charakteristisch" (*„Da ist sie eigen."*) – das Wort ist im Übrigen kaum noch in Benutzung.

5.2 Daher: Einige Sätze kluger Menschen zum Thema „Wahrnehmung" und „Perspektive(nwechsel)" als Orientierungshilfe

„Wir können das nicht sehen, was wir nicht bezeichnen können."

(Der Kybernetiker GREGORY BATESON)

Und noch absoluter: *„Man sieht nur, was man weiß."* (Das ROBERT-KOCH-INSTITUT – RKI – auf seiner Website zu Zeiten der Coronakrise 2020)

„Die Wirklichkeit entsteht immer erst im Auge des Betrachters", ließ uns in einer Folge von „Raumschiff Enterprise" der unvergessene Logiker MR. SPOCK wissen und zitiert damit den englisch-österreichischen Philosophen KARL POPPER.

„Meister, Ihr habt recht - allein, Ihr seht das Ding von einer anderen Seite!"

GOETHE, Wilhelm Meisters Lehrjahre.

Der deutsche Philosoph G. E. LEIBNIZ hat die selektiven „Wahrheiten" subjektiver „Wahrnehmung" (s. Fußnote 6) bildlich wie folgt beschrieben: *„Vier Wanderer nähern sich einer Stadt aus den vier Himmelsrichtungen Ost, West, Nord, Süd. Zwar sieht jeder die Stadt nur aus seiner Perspektive, aber alle sehen dieselbe Stadt; und alle haben sie aus ihrer subjektiven Sicht Recht."* So erklärt sich ja wohl auch das Wort „Ansicht".

Wir sehen die Dinge nicht so, wie sie sind, sondern so, wie wir sind.

(Aus dem TALMUD, eines der bedeutendsten Schriftwerke des Judentums)

„Weltbilder entstehen im Kopf."

Die populärwissenschaftliche Zeitschrift „SPEKTRUM DER WISSENSCHAFT" 1989

„Professor, ist dies hier wirklich, oder findet es in meinem Kopf statt?"
„Es findet in Deinem Kopf statt, aber das bedeutet nicht, dass es nicht wirklich ist."

JOANNE K. ROWLING: PROFESSOR DUMBLEDORE auf eine Frage von HARRY POTTER

---

[31] Die Endung „-ung" drückt im Deutschen eher einen (dauernden?) *Prozess* aus (z..B: „Bildung"), die Endung „tion" hingegen eher einen *Zustand* („z.B. „Motivation") Deswegen spricht REINHARD K. SPRENGER (in: „Mythos Motivation, 1995, Campus), völlig zu Recht auch von „intrinsischer Motivation (von innen also)", aber von „extrinsischer Motivierung (mithin von außen)", die es vermutlich gar nicht gibt, nicht geben kann; wer kann schon andere motivieren, wenn die nicht wollen?

SUSAN GREENFIELD, eine der führenden Neurowissenschaftlerinnen in der Welt, verblüffte beim Weltwirtschaftsgipfel in Davos im Jahr 2009, auf dem Höhepunkt der (damaligen) Finanzkrise, mit einer für ihr Fach typischen Einsicht: Man wisse zwar bis heute nicht bis ins Detail Bescheid darüber, wie Gehirn und Bewusstsein beschaffen seien, aber eines stehe fest: *„Logik ist so ziemlich das Letzte, womit sich unser Gehirn beschäftigt. Das Gehirn rechnet nicht, es will sich bloß wohlfühlen."*

Genau das, so die Wissenschaftlerin und ihre Kollegen in PALO ALTO, sei die Ursache der Finanzkrise gewesen. Zu viele Menschen wollten sich einfach nur *besonders* wohl fühlen.

„Er hatte recht - solange er sprach." (Der Berliner Aphoristiker und Philosoph HANS KUDSZUS

Auffällig ist dabei, dass insbesondere Fachärzte gerade unspezifische Symptome fast ausschließlich vor dem Hintergrund ihres eigenen Fachgebietes interpretieren.

So deutet der Orthopäde Schmerzen in der Lendengegend als Rückenprobleme, der Urologe vermutet eine Erkrankung im Nieren-Blasen-Bereich, und der Kardiologe ist sich sicher, dass ‚etwas mit dem Herzen sein muss'. (ein Professor für Innere Medizin)

5.3 Wie arbeitet unser Gehirn? Sehr selektiv und „schonend"!

Die Zitate machen deutlich, was Experten aus Neurophysiologie und Gehirnforschung[32] im Grunde längst wissen: wenn unser Gehirn „etwas" (das können externe Reize aus der Umwelt oder auch interne, also körpereigene sog. „Sensationen" sein (Schmerzen z.B. würden man dazuzählen), u.a. durch unsere Sinnesorgane wahrnimmt/ bemerkt/ sieht / fühlt ..., vergleicht es „es" mit seinen abgelegten Mustern („pattern") und wenn „das" so halbwegs „passt", findet unser Gehirn „das" gut und richtig und integriert „es" in seine Erfahrungen zu einem dann modifizierten, erweiterten Muster (wenn es „gut läuft")

Findet unser Gehirn „das" aber nicht so passend, dann vergisst oder verleugnet „es" oder konstruiert[33] daran so lange herum, bis „es" eben passend ist.

Heißt: Die sog. „Wirklichkeit" ist nur dann „wirklich", wenn sie tatsächlich „wirkt".

(Deswegen verwende ich gerne auch in diesem Text mehrfach dieses wundervolle und dazu angenehm kurze Zitat des US-amerikanischen Management-Vordenkers TOM PETERS: *„Wirklichkeit wirkt!"* und widerspreche damit den „radikalen Konstruktivisten"[33] ausdrücklich, die tatsächlich so gut wie alles für „konstruiert" - also für ein Ergebnis der spezifischen Verschaltungen unseres Gehirns - halten. DAS sehe ich nicht so. Wer - als Beispiel - gegen eine verschlossene Tür rennt, wird „an den (schmerhaften) *Wirkungen*" (s.o.) merken, dass diese KEINE Konstruktion[33] seines Gehirns war/ ist).

Aber, Meinungen zum Beispiel über den Ist-Zustand eines (und sei es das eigene) „Unternehmen" und (noch diffuser) über dessen Soll-Zustand, z.B. nach oder mit Hilfe einer „Organisationsentwicklung - OE", eines „Change" also, ist insofern sicher eine Konstruktion im o.g. Sinn der Beteiligten/ Betroffenen, weil fast ausschließlich das Produkt ihrer ganz eigenen Wahrnehmungen, Gedanken und Phantasien.

---

[32] Stellvertretend zumindest für den deutschsprachigen Raum: GERHARD ROTH, Biologe und Hirnforscher; GERALD HÜTHER. Neurobiologe und Hirnforscher, MANFRED SPITZER, Psychiater und Hirnforscher, HARALD LESCH, Physiker, Hirnforscher und Philosoph – für alle: s.a. Literaturhinweise.

Hier stimmt es wohl dann doch, nichts „ist“ wirklich, es „scheint“ nur so und erweist sich dann als individuelle „Konstruktion“[33].

Für einen vernünftig geführten Dialog (s.o.) ist die Erkenntnis also wichtig, dass die eigene (!) und die Meinungen der Anderen immer nur relativ zu sehen sind. In Relation nämlich zu deren ganz eigenen Mustern unseres Gehirns im hier beschriebenen Sinn.

Diese Erkenntnis entlastet und reduziert damit auch das Maß der sonst möglichen Aggressionen in diesen Diskussionen (s. FN 35).

6. „Strategie“ - was ist das?

„Zusammenfassung und Zweck“ («Z&Z») des Kapitels (für den eiligen Leser, die eilige Leserin die zentralen Aspekte, die Kernpunkte):

An dieser Stelle passt ein kleiner Exkurs in das „Land“ der (sicher auf die Thematik dieses Buches bezogen) zentralen Frage: **„Was ist eine Strategie?“**
Die Frage ist im Grunde ebenso unmöglich schnell zu beantworten, wie die nach „guter“ Führung - was ist das? Und so haben sich schon viele daran abgemüht.

Daher zumindest eine Liste von Zitaten kluger Menschen und anschließend dazu auch Einiges im Unterkapitel „Tipps für ein pragmatisches Vorgehen“ bei einer Strategieentwicklung.

6.1 Zitate

„Stra|te|gie“ {gr.-lat.(-fr.} die; -, ...ien: genauer Plan des eigenen Vorgehens, der dazu dient, ein militärisches, politisches, psychologisches o.ä. Ziel zu erreichen, und indem man diejenigen Faktoren, die in die eigene Aktion hineinspielen könnten, von vornherein einzukalkulieren versucht.

DUDEN FREMDWÖRTERBUCH

Kaum verloren wir das Ziel aus den Augen, verdoppelten wir unsere Anstrengungen.

(MARK TWAIN)

---

[33] **Konstruktivismus** ist eine Position der Erkenntnistheorie, entwickelt hauptsächlich in der Philosophie des 20. Jahrhunderts. Mehrere Strömungen werden aufgrund des gemeinsamen Namens manchmal irrtümlich für übereinstimmend gehalten. Die meisten Varianten des Konstruktivismus gehen davon aus, dass ein erkannter Gegenstand vom Betrachter selbst durch den Vorgang des Erkennens konstruiert wird.

Während im „Radikalen Konstruktivismus“ die menschliche Fähigkeit, objektive Realität zu erkennen, mit der Begründung bestritten wird, dass jeder Einzelne sich seine Wirklichkeit im eigenen Kopf „konstruiert“, glauben Anhänger anderer Theorien, z.B. der Kybernetik und der Systemtheorie dies nicht.

(...) Als Begründer des radikalen Konstruktivismus gilt ERNST VON GLASERSFELD. Nach GLASERSFELD ist das Kernproblem der abendländischen Epistemologie: *„Erkennen zu wollen, was außerhalb der Erlebniswelt liegt.“* Dieses Problem ist nach dem radikalen Konstruktivismus nicht zu lösen, sondern zu umgehen; Anregungen dazu hatte GLASERSFELD in den Arbeiten des Psychologen und Epistemologen JEAN PIAGET gefunden: Schon PIAGET habe erklärt, *„dass die kognitiven Strukturen, die wir ‚Wissen‘ nennen, nicht als ‚Kopie der Wirklichkeit‘ verstanden werden dürfen, sondern vielmehr als Ergebnis der **Anpassung**.“* (Hervorhebung durch HORN-WAGNER, um deutlich zu machen, dass es um die schon beschriebene „Anpassung“ unseres Gehirns geht.) (im Übrigen überwiegend zitiert nach WIKIPEDIA).

Es gibt zwei Dinge, auf denen das Wohlergehen in allen Verhältnissen beruht.
Das eine ist, dass Zweck und Ziel der Tätigkeit richtig bestimmt sind. Das andere aber besteht darin, die zu diesem Endziel führenden Handlungen zu finden. (ARISTOTELES)

Je planmäßiger Menschen vorgehen, desto wirksamer trifft sie der Zufall.
(FRIEDRICH DÜRRENMATT)

Strategische Pläne werden einmal jährlich verfasst, und sobald sie schriftlich fixiert sind, liest sie keiner mehr. (EILEEN C. SHAPIRO)

Es führen viele Wege zum Gipfel eines Berges, doch die Aussicht bleibt dieselbe. (AUS CHINA)

Es ist besser ein Problem zu erörtern, ohne zu entscheiden, als zu entscheiden, ohne es erörtert zu haben. (JOSEPH JOUBERT)

Gegen das Fehlschlagen eines Planes gibt es keinen besseren Trost, als auf der Stelle einen neuen zu machen. (JEAN PAUL)

Der Mensch hat dreierlei Wege, klug zu handeln: erstens durch Nachdenken, das ist der edelste, zweitens durch Nachahmen, das ist der leichteste und drittens durch Erfahrung, das ist der bitterste. (KONFUZIUS)

Strategie ... ist (also) die geplante Handlungsweise, um Absichten und Ziele eines (...) zu erreichen.
Sie unterscheidet sich von der »Taktik«, die das Erreichen kurzfristiger und spezifizierter Ziele ermöglichen soll. Das Wesen der Strategie ist somit ihre grenzenlose Formbarkeit im Angesicht nicht vorhersehbarer Ereignisse. (CARL VON CLAUSEWITZ)

Nur der erste Schuss eines Krieges ist planbar. (CLAUSEWITZ)

Kein Plan übersteht die erste Feindberührung. (MOSHE DAYAN)

Plan, Positionierung, Perspektive, Struktur und List. Sie haben die Wahl. (HENRY MINTZBERG)

Glück, Plan, Zufall, gesunder Menschenverstand, Analyse oder Spiel? Strategie ist all' das. Nicht mehr. Aber auch nicht weniger!
Man kann natürlich Glück haben. Manch einer ist fast ohne jede Planung sehr erfolgreich geworden.
Aber wer sich auf sein Glück nicht verlassen will, der überlegt, wägt ab und versucht so, seine Erfolgschancen zu erhöhen. Das ist Strategie! (TOM PETERS)

Strategie ist weder die Vorhersage der (ungewissen!) Zukunft, noch eine Planung z.B. im Sinne einer Budgetierung, sondern die Beschreibung eines Zielzustandes (Wo will ich hin?) und des strukturierten Weges dorthin (Wie komme ich dort an?).
Erfolgreiche Strategien berücksichtigen dabei, dass sich die Umwelt- bzw. Kontextbedingungen ändern können.
Dann wird das Ziel ein Raum von Möglichkeiten, der Weg dorthin ein Korridor.
Dies wird auch als inkrementelle, bzw. agile, reversible oder adaptive Planung bezeichnet.
(OSWALD NEUBAUER)

Business strategy is less a function of grandiose predections than it is a result of beeing able to respond rapidly to real changes as they occur. That's why strategy has to be dynamic and anticipatory. (JACK WELCH, langjähriger „Chef der Chefs" (CEO) bei GENERAL ELECTRIC)
(Eine Geschäftsstrategie ist weniger eine Funktion von grandiosen Vorhersagen, als das Ergebnis einer Fähigkeit, schnell auf echte (wirkliche) Änderungen in dem Moment zu antworten, zu dem sie sich zeigen. Deshalb muss eine Strategie dynamisch und vorwegnehmend sein.)

Ich kann auch nach unzähligen Gerichtsverhandlungen und der Beobachtung von sehr, sehr vielen, sehr unterschiedlichen Anwälten beider Seiten nicht sagen und deswegen auch nicht definieren, was eine „gute Strategie" ist, Aber ich erkenne sie, wenn ich ihrer gewahr werde und sie erlebe. Das reicht mir für meine Zwecke.

STEWART POTTER, bis 1985 Richter im Supreme Court der USA

Der klügste Krieger ist der, der niemals kämpfen muss.
Chancen multiplizieren sich, wenn man sie ergreift.
Tiefes Wissen heißt, der Störung vor der Störung gewahr zu sein ...
(SUN TSU; auch SUNZI); Sein Buch *„Die Kunst des Krieges"* gilt als frühestes Buch über Strategie und ist bis zum heutigen Tage – wie das von CLAUSEWITZ – eines der bedeutendsten Werke zu diesem Thema.

6.2 Strategie und („Unternehmens-") „Kultur"

Nun passt allerdings nicht jede Strategie zu jedem „Unternehmen", so dass immer erst sehr genau geschaut werden muss, ob bei allen drei zentralen potenziellen Konfliktdimensionen sozusagen „Entwarnung" gegeben werden kann, denn die Strategie muss letzten Endes passen (s. Abbildung 40):

Abbildung 40: „Passung" einer Strategie

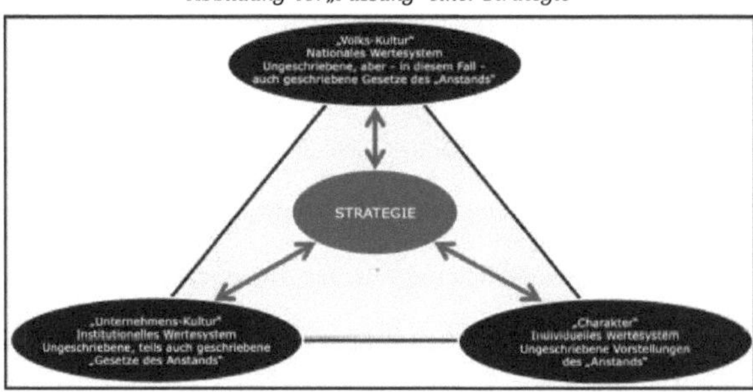

- zur „Volks-Kultur", also zur Kultur des Landes und seiner Bewohner, in dem das „Unternehmen" hauptsächlich produziert/ tätig ist;
- zur eigenen „Unternehmens"-Kultur und
- zum Wertesystem der Beschäftigten des „Unternehmens".

Passt es nicht, wird die Strategie ins Leere laufen, weil sie nicht akzeptiert und getragen wird oder z.B. auch mit dem Normen- und Wertesystem des betreffenden Staates nicht kompatibel ist.

Nun ist der Begriff (Unternehmens-) „Kultur“ oder gar der „Volks-Kultur“ nicht leicht zu fassen und sehr viele Autoren haben sich mehr oder minder erfolglos daran versucht.

Bisweilen gelingt dies der Satire durch die „Erlaubnis“, alles überziehen zu dürfen, noch am besten. Und so kursierte zu Zeiten der CORONAKRISE eine Liste zum Thema: *„Was hamstert die Welt?“*, die auf den ersten Blick nur witzig wirkt, doch auf den zweiten Blick wird deutlich, dass sehr viel Wahres darin steckt. Ich habe mir daher erlaubt, diese Liste aufzuarbeiten und einer ernsthaften Liste von Prof. GEERT HOFSTEDE aus den Niederlanden, Jahrzehnte lang neben EDGAR ED SCHEIN und SAMUEL P. HUNTINGTON (*„Kampf der Kulturen“*) Doyen der Kulturforschung, gegenüberzustellen:

Abbildung 41: Volks-„Kulturen“ aus unterschiedlicher Sicht

Und dazu ein Gedicht von EUGEN ROTH, der kongenial beschreibt, was es bedeuten kann, Kulturunterschiede *nicht* zu beachten:

Ein Mensch hat irgendwann und wo,
Vielleicht im Lande Nirgendwo,
Vergnügt getrunken und geglaubt,
Der Wein sei überall erlaubt.
Doch hat vor des Gesetzes Wucht
Gerettet ihn nur rasche Flucht.

Nunmehr im Land Ixypsilon
Erzählt dem Gastfreund er davon:
Ei, lächelt der, was Du nicht sagst?
Hier darfst Du trinken, soviel Du magst!
Der Mensch ist bald, vom Weine trunken,
An einem Baume hingesunken.
Wie? Brüllte man, welch‘ üble Streiche?
So schändest Du die heil‘ge Eiche?

Er ward, ob des Verbrechens Schwere,
Verdammt fürs Leben zur Galeere.
Und kam, entfloh'n der harten Schule,
Erschöpft ins allerletzte Thule.

Ha! Lacht man dorten, das sind Träume!
Hier kümmert sich kein Mensch um Bäume.
Der Mensch, von Freiheit so begnadet,
Hat sich im nächsten Teich gebadet.
So heißt's, wird Gastfreundschaft missnutzt?
Du hast den Götterteich beschmutzt!

Der Mensch, der drum den Tod erlitten,
Sah: And're Länder, and're Sitten.

EUGEN ROTH

Ein zweites Mal auch deshalb mein deutlicher **„Warnhinweis"**: Bei Strategiediskussionen im kleinen Kreis der Entscheider ebenso wie in großen Runden mit mehreren Beteiligten bzw. Betroffenen sind die „objektiven" Zahlen, Daten und Fakten sehr selten das Problem und auch die Analysemethoden, ob „Portfolio-Analyse" oder „SWOT-Analyse" wie in diesem Buch beschrieben oder andere Methoden stellen im Prinzip keinerlei Hürde dar.

Das Problem sind vielmehr die verdeckten Interessen, derer, die die Strategiediskussion führen müssen oder wollen und die ihre Argumente bewusst oder unbewusst bestimmen.

Darauf sollte in der Moderation aber auch bei jedem Einzelnen geachtet werden, damit es zu mehr als zu einem intellektuellen Schlagabtausch kommen kann.

Und das ist sehr, sehr schwer. Auch deswegen meine ausführlichen Exkurse zu diesem Thema, in der Hoffnung, dass Wissen die (Selbst-)Erkenntnis befördert und (Selbst-)Erkenntnis der Beginn einer reflektierteren Betrachtung, ohne Affekte und damit Untertöne für eine fruchtbare Erörterung, zum Wohle aller sein kann. Denn – noch einmal:

„Wir sehen die Dinge eben nicht so, wie ***sie*** *sind, sondern so, wie* ***wir*** *sind."* [34]

6.3 Tipps für ein pragmatisches Vorgehen

Und dazu zur Orientierung ein paar pragmatische Hinweise für die, die eine Strategiediskussion vorhaben (müssen):

(1) Vor einer Auseinandersetzung über eine Strategie muss schlüssig geklärt werden, über was im einzelnen verhandelt wird und das bedeutet nichts anderes, dass sowohl die **Verhandlungsthematik insgesamt** als auch die **einzelnen**

[34] Aus dem TALMUD, s. Zitatenliste auf Seite 69.

Verhandlungspunkte eindeutig und von allen Teilnehmenden nachvollziehbar und nachvollzogen **definiert** sein müssen.

(2) Im Fall eines (ernsthaft geführten und ehrlichen) „Dialogs“[35] über die **zukünftige Strategie** eines „Unternehmens“ ist also vorab zu klären,

- was die am Dialog Beteiligten unter einer „Strategie“ konkret verstehen,
- wie sie die Ausgangssituation („Ist“) bewerten und
- welche Zielperspektive („Soll“) sie für realistisch halten und als „wirklich“ (Denn: TOM PETERS: *„Wirklichkeit wirkt!“*) „gewollt“[36] empfinden.

(3) Zu bedenken ist davon unabhängig immer, dass gemeinsame Entscheidungen immer dann verunmöglicht werden, wenn die **Loyalitäten der Mitglieder** einer Gruppe außerhalb dieser Gruppe liegen (können und werden)!

(4) Und die Beteiligten sollten überdies im Blick haben, dass manchmal das typisch MERKEL'sche **Abwarten das Optimale** ist, weil es für komplexe soziale Probleme ohnehin keine endgültige Lösung gibt, sondern nur jeweils neue Formen des Erträglichen – und weil eben diese Einsicht, wenn alle sie teilen, einen höheren Grad der Verhandlungsfähigkeit mit sich bringen könnte.

(5) Eine Strategie ist u.a. ein in allen Belangen aufeinander abgestimmter Katalog (ein „Set“) von Ideen und Maßnahmen ...

1. zur Eroberung „unbekannten Terrains“ oder
2. zur „Ansteuerung“ neuer (Durchbruchs-) Ziele (sog. „offensive Strategien“) oder
3. zur Abwehr von unmittelbaren oder mittelbaren Gefahren (sog. „defensive Strategie“) für das eigene „Unternehmen“.

Dabei kann *„unbekanntes Terrain“* etwas sehr Verschiedenes bedeuten:

• Märkte, • Regionen, • Konkurrenten („Wettbewerber“; vgl.: „Übernahmen“), • Menschen („Kunden“), • Technologien, • Techniken, • Instrumente, • Methoden, • Konzepte, • Kulturen, • Kooperationen, • Finanzierungen (Eigen- und Fremdkapital) ...

(6) Bei den Überlegungen für eine (offensive) Strategie kann die programmatische Aussage: **„Wir sind die Nummer Eins!“** hilfreich sein, wenn darauf auch die Antwort überlegt ist, in was man alles die „Nummer Eins“ sein möchte:
• Umsatz, • EBIT/DA[37], • Rendite (ROI[38]), • Rücklagen/ Vermögen/ Besitz, • Verbreitung der eigenen Produkte, • Zahl der Mitarbeitenden, • Qualifikation der

---

[35] Eine **„Diskussion“** (Erörterung, Zwiegespräch, von lat. »discutio«: 1. „zerschlagen, zertrümmern“, 2. „abschütteln“; 3. „(gerichtlich) prüfen, untersuchen, verhören“) ist ein Gespräch zwischen zwei oder mehreren Diskutanten, in dem meist über ein oder mehrere bestimmte Themen gesprochen (diskutiert) wird, wobei jede Seite ihre Argumente vorträgt. *„Zwei Monologe, die sich gegenseitig immer und immer wieder störend unterbrechen, nennt man eine Diskussion.“* (CHARLES TSCHOPP) Ein „Dialog“ ist – wie schon gesagt – , so MARTIN BUBER, *„das Fließen von Sinn“* und unterscheidet sich insofern deutlich von der „Diskussion“ und noch mehr von der „ “, bei der es im Wortsinn (von franz. debatté: jemanden niederschlagen) darum zu gehen scheint, den Gesprächspartner (nieder-) zu schlagen.

[36] *„Wer etwas will, sucht Wege – wer etwas nicht will, sucht Gründe.“* (CHIN. WEISHEIT)

[37] EBIT/DA = siehe Fußnote 11.

Mitarbeitenden, • Zufriedenheit der Mitarbeitenden, • Zufriedenheit der Kunden, als auch der Lieferanten, • Anzahl der Produkte und der verschiedenen (Dienst-) Leistungen, • Innovationspotenzial (z.B. „Patente"), • Innovationsgeschwindigkeit: *„Time to Market"*, • Bekanntheitsgrad in der (Fach-) Öffentlichkeit oder in den sog. „Echoräumen" der eigenen „Community", bzw. der „Werte"- oder „Kultur"-Gemeinschaft *(„Auf wessen positives ‚Feedback'/ ‚Meinung' legen wir gesteigerten Wert?")*, • Anzahl der Publikationen, • Auszeichnungen, Preise und Ehrungen ...

(7) Im Kern aber wird es immer darum gehen, sich einen „Wettbewerbsvorteil" zu verschaffen!

(8) Eine Strategie steht zwischen den Ebenen

- des Unternehmensleitbildes und vor allem der visionär formulierten (Unternehmens-) Politik
- und der konkreten operativen Umsetzung.

(9) Die Strategie, wie die strategische Planung, legen einen grundsätzlichen und zielorientierten Handlungsrahmen zu Erreichung eines sowohl visionären als auch konkret („s.m.a.a.r.t."[39]) formulierten Zieles fest; ein Handlungsrahmen im Übrigen, der sich an einem eher mittel- bis langfristigem Zeitrahmen orientiert. Man kann verkürzt sagen: **Keine Strategie ohne Ziel(e)!**

(10+11) Insofern unterscheidet sich eine Strategie deutlich von der (ihr nachfolgenden und sich z.B. an „Meilensteinen"[40] orientierenden) operativen Umsetzung (die in der Regel adaptiv[41] zu vollziehen ist), also der „Agenda" und ebenso von der Taktik[42], die eher kurzfristig wirken soll.

---

[38] ROI = R.eturn O.n I.nvestment (u.a. Kapitalrentabilität, Anlagenrentabilität ...) – gemeint ist die Rendite einer unternehmerischen Tätigkeit, gemessen am „Gewinn" im Verhältnis zum „eingesetzten Kapital".

[39] „s.m.a.a.r.t." = „s" = s.pezifisch/ „m" = m.essbar/ „a" = a.ktiv beeinflussbar UND „a" = a.nnehmbar/ akzeptabel „r" = r.ealistisch/ „t" = t.erminiert.

[40] **„Meilensteine"** sind vorher verabredete „Haltepunkte", bei denen unter Zuhilfenahme „belastbarer Daten" geprüft wird, ob der eingeschlagene Weg noch der richtige ist, bzw. ob die geplanten Zwischenziele zeit- und sachgerecht erreicht wurden.

[41] Eine „adaptive" (auch: „agile", „reversible" bzw. „inkrementelle") **Form der Planung** berücksichtigt, dass sich das „Zielobjekt" während der Umsetzungshase natürlich selbst weiterentwickeln kann bzw. wird. Insofern gilt: *„Die Planung ist alles, der Plan ist nichts."* Das Phänomen ist aus allen größeren Bauprojekten gut bekannt: Wahrend der Bauphase ist die ursprüngliche Planung sehr schnell obsolet.

Noch FN 22:Eine in dieser Hinsicht phänomenale Leistung vorausschauender Planung stellt die Landung der Landeeinheit „Philae" (der Raumsonde „Rosetta") auf dem Kometen „Chury" (2014) dar: Der Komet war 500 Millionen Kilometer entfernt, flog mit der 20-fachen Geschwindigkeit einer Gewehrkugel, die Steuerungssignale brauchten 30 Minuten, bevor sie an der Sonde ankamen.

[42] **„Taktik"** ist die koordinierte und vor allem praktische Anwendung von spezifischen Mitteln nach Kraft, Raum und Zeit.

Die **„Finte"** (vom italienischen »fingere«: „bilden, formen") bedeutet so viel wie Ausflucht oder Täuschung. Eine Finte ist eine Aktion, die dem Gegner eine Absicht suggeriert, um diesen zu einer vorhersehbaren Reaktion zu bewegen. Führt der Gegner seine Reaktion aus, ist dies eine günstige Gelegenheit, die eigentlich beabsichtigte Aktion auszuführen. Finten sind nur dann erfolgversprechend, wenn sie nicht als solche zu erkennen sind.

Sie müssen überzeugend vorgebracht werden und nicht zur Gewohnheit werden, da sie sonst als Täuschungsversuch erkannt werden können und so den Fintierenden in Gefahr bringen.

Strategie setzt sich also mit der Koordination der Kräfte und Kräfteansätze („Prioritäten") auf unterschiedlichen Schauplätzen zur Erreichung eines gemeinsamen und übergeordneten Zieles auseinander.
Die Agenda, als Set zentral bedeutender Maßnahmen, fasst die operativen Überlegungen zusammen und fixiert sie.

(12) Eine Strategie ist überdies ein Bündel von annähernd paradigmatischen Grundannahmen und Überlegungen über die Wahrscheinlichkeit eines Erfolgs.

(13) „SWOT-Analyse" und „Portfolio-Analyse" und auch alle anderen, ähnlichen, Analysekonzepte sind immer **iterativ**[43] zu handhaben.
Ihr Mehrwert liegt in der mehrfachen Anwendung mit jeweiliger ausführlicher Reflexion (!) zu den Ergebnissen und damit in der Wiederholung!
Ein einmaliger Durchgang reicht in der Regel bei weitem nicht aus, weil dies „nur" zu einer Momentaufnahme führen würde, die nicht aussagefähig genug ist.

(14) Analysen dieser Art sind mehr als kompliziert, sie sind **komplex** und Komplexität erfordert „Führung", ganz allgemein und im Besonderen, z.B. durch Moderation (!). im Übrigen: Denken Sie daran. Es gibt keine einfachen Lösungen; insofern sind Analysen und Strategien immer nur **Annäherungen** an das Mögliche und Denkbare!

7. Kapitel: Hilfen bei der Umsetzung der verschiedenen Tools

An dieser Stelle passt es wirklich: ein Bild sagt mehr als 1.000 Worte. Ich habe auch deshalb auf langatmige Erläuterungen verzichtet, sondern versucht, die einzelnen im Buch vorgestellten Methoden, mehr eigentlich deren Ergebnisse aus praktischer Anwendung, graphisch dazustellen (ab Seite 79).
Es gibt in allen Unternehmen begabte Menschen, denen es keine Last ist, auch komplexe Inhalte (gerade die!) zu visualisieren – sei es analog z.B. mit Hilfe von METAPLAN-Materialien der Fa. NEULAND, sei es digital mit Hilfe von überaus geeigneter, inzwischen einschlägiger Software. Nutzen Sie diese Mitarbeitenden – das Ergebnis wird es Ihnen danken.

Nehmen Sie also die beiden Stellwände (s. Abbildung 4 auf Seite 12), die Sie schon für die „SWOT-Analyse" bestückt haben und füllen Sie die beiden Rückseiten mit den Ergebnissen der verschiedenen Einzelanalysen (s. Abbildung 42 auf der nächsten Seite).

[43] **Iteration** (von lateinisch *«iterare»* „wiederholen") beschreibt allgemein einen Prozess mehrfachen Wiederholens gleicher oder ähnlicher Handlungen zur Annäherung an eine Lösung oder ein bestimmtes Ziel.

Abbildung 42: „Ergebnissicherung"

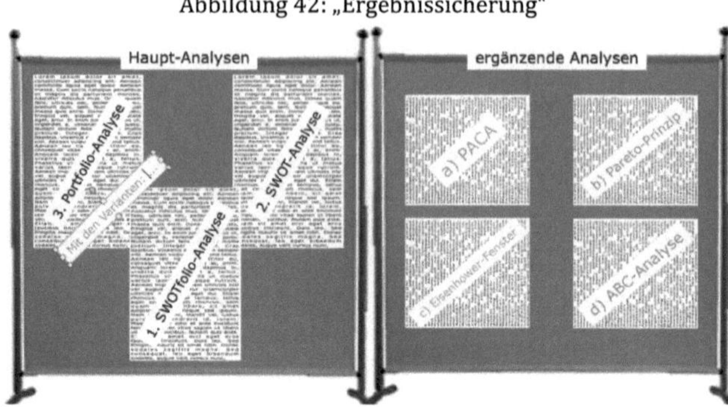

1. **„SWOTfolio"**: Bei der Art der Darstellung orientieren Sie sich am besten an den beiden Abbildungen 2 und 3 auf den Seiten 9 und 11. Es wird darauf ankommen, dass Sie die richtige Mischung bei den Symbolen und das richtige Maß bei der Art der Darstellung finden: Nicht zu viel – aber auch nicht zu wenig. Es geht ja in erster Linie „nur" darum, auf einen Blick sehen zu können, welche „Chancen" und „Gefahren" **aller Voraussicht** nach auf Ihr „Unternehmen" zukommen (werden) und wie gut oder weniger gut Sie darauf vorbereitet, also den Gefahren sozusagen „schutzlos ausgeliefert" sind oder nicht und Sie die Chancen ungenutzt vorbeiziehen lassen (müssen).

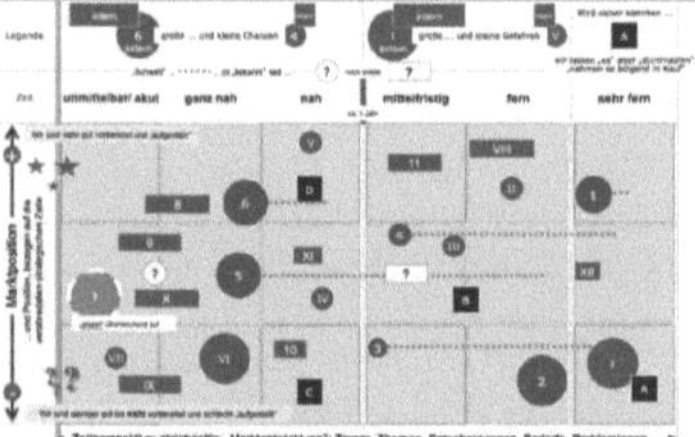

2. **„SWOT-Analyse"**: Hier hat sich die Art der Darstellung, wie auf Seite 8 (2. Bildausschnitt) erklärt, recht gut bewährt.

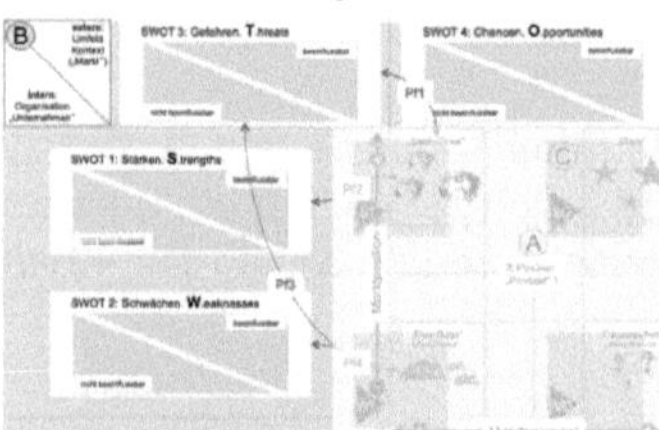

Noch relativ neu, aber hilfreich ist die Unterscheidung zwischen „beeinflussbar" und „nicht-beeinflussbar", damit Sie sich nicht an den Stellen „verkämpfen" müssen, bei denen Sie keine, wirklich KEINE Chance der Beeinflussung haben. Denken Sie in dem Zusammenhang an das Zitat von Franz von Assisi (von dem es womöglich gar nicht ist[44]): *„Gott gebe mir die Gelassenheit, Dinge hinzunehmen, die ich nicht ändern kann, den Mut, Dinge zu ändern, die ich ändern kann, und die Weisheit, das eine vom anderen zu unterscheiden."*

[44] Dieser als „Oetinger-Gebet" bekannte Spruch wird üblicherweise dem Theologen Friedrich Christoph Oetinger (1702-1782) zugeschrieben, stammt aber wohl in Wirklichkeit von Reinhold Niebuhr und aus dem Jahr 1943.

3. „Portfolio-Analyse(n)“: Die „Portfolio-Analyse“ selbst und alle ihre hier geschilderten **„Varianten“** sind aus meiner Sicht hinreichend auführlich genug erläutert UND bebildert, so dass Sie sich daran ohne allzu große Mühe werden orientieren können. Auch hier wird es in erster Linie daruf ankommen, das richtige Maß zu finden, damit die Graphik nicht überladen wird. Und achten Sie darauf, Stück-für-Stück vorzugehen: Zuerst die Position („Koordinate“) im Achsenkreuz setzen und dann - dort angesiedelt - alle weiteren „Features“ („Deckungsbeitrag“ etc.), die Sie für notwendig und/ oder für erforderlich halten, hinzufügen

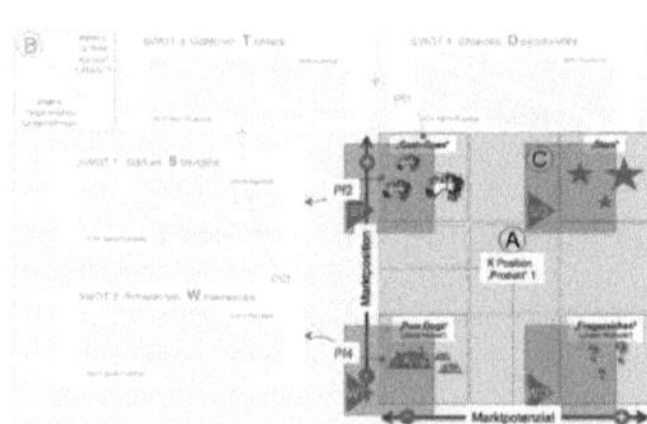

4. „Penalty-Award-Contrast-Analyse (PACA)“: Die Abbildung 28 und die beiden Abbildungen 29 und 30 machen im Grunde schon deutlich, wie die PACA funktioniert. (Die Abb. 28 und 30 zusätzlich mit dem Aspekt „Aufwand“!)

5. „Pareto-Prinzip“: Das Ausfüllen der Graphik ist - die Praxis zeigt es - nicht ganz so einfach. Dehalb zur Orientierung hier ein Praxisbeispiel:

Abbildung 42: Pareto als Beispiel

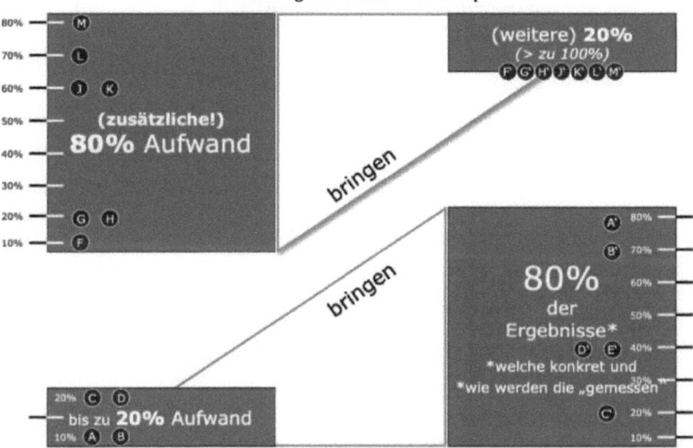

Die Produkte „A“ und „B“ sind offensichtlich der „Hit“: Mit ca. 10% Aufwand („Ressourceneinsatz jeder Art“) werden 70% (bei „B“) bzw. 80% (bei „A“) Ergebnis(se) erzielt, „C“, „D“ und „E“ sind weniger auffällig, die Produkte „F“ bis „M“ sind eher problematisch, „M“ z.B: muss als sehr propblematisch angesehen werden: mit zusätzlichen 80% Aufwand „nur“ ungefähr weitere 10%-20% Ertrag? Zu wenig!.

Für die **6. „ABC-Analyse“** gilt Ähnliches: Es geht schlicht und einfach auch hier um die Zuordnungen der einzelnen „Produkte“ in die jeweiligen Felder.

7. „Eisenhower-Fenster“: Den vier Feldern werden die Aufgaben (sprich: Produkte, Leistungen, Angebote) zugeordnet, die Sie haben. Die Schwierigkeit liegt hier eher im „Umdenken“ von „Aufgabe“ zu „Produkt“. Die **„Lorenz-Kurve“** ist eher etwas für Statistik-„Freaks“ und soll daher hier unberücksichtigt bleiben.

Anhang 1: „Kennwerte“

1. Cash-flow
(Jahresüberschuss + Abschreibungen; in EURO) ...
... ist das Geld, was faktisch übrig ist.
Die Abschreibungen sind als Summe kalkulatorisch für das Finanzamt, die sich daraus ergebende Steuerersparnis ist sozusagen „real“ in der Kasse.

2. Cash-flow als
Umsatzverdienstrate in %
*(Verhältnis von Umsatz zu Gewinn = Cash-flow * 100 / Umsatzerlöse; in %) ...*
... Ein Wert von ≥ 40 % gilt als gut.
Anzumerken ist an dieser Stelle, dass Bilanzen in der Regel Steuerbilanzen sind und eine für diesen Zweck spezifische Aussage treffen sollen („Wir sind arm.“). Steuerbilanzen sind keine Handelsbilanzen, die eine ganz andere Aussage treffen sollen („Wir sind reich.“).
Ver- und gekauft werden Firmen in der Regel mit einem Mittelwert zwischen Steuer- und Handelsbilanz.

3. Forderungsquote
*(Verhältnis von Forderungssumme zur Bilanzsumme = Forderungen * 100 / Bilanzsumme) ...*
... Die Forderungen wären z.B. bei einer Quote von 25% relativ hoch; das lässt entweder auf ein schlecht funktionierendes (Ablauforganisation im Unternehmen) oder schlecht einsetzbares (verschiedene Rücksichtnahmen, unternehmenspolitische Entscheidungen) **Mahnwesen** schließen oder auf ein sehr zögerliches Abrechnungsverfahren (Zahlungsmoral) wichtiger Partner oder eine nicht durchgeführte Bereinigung der Bilanz (Ausbuchung abgeschriebener Forderungen) oder eine unklare Rechtslage (Kannleistungen).
In jedem Fall ist eine systematisierte Reaktion anzuraten; vermutlich sinnvollerweise auf mehreren Ebenen gleichzeitig.

4. Wirtschaftlichkeit
(Verhältnis von Aufwand zum Ertrag[45]; als Faktor) ...
... In sozialen, gemeinnützigen Einrichtungen, die z.B. zuwendungsfinanziert sind, wäre ein Wert über 1,00 (Balance zwischen Aufwand und Ertrag) nicht unproblematisch, weil dieser Zustand als Verletzung des Kostendeckungsprinzips gewertet werden und zu Rückrechnungen bzw. Rückforderungen der Öffentlichen Hand führen könnte.
In diesen Fällen ist immer zu prüfen, ob die periodengerechte Abgrenzung von Aufwendungen und Erträgen (debitorisches und kreditorisches Buchen[46]) korrekt durchgeführt worden ist.

---

[45] Die Begrifflichkeiten sind nicht immer ganz einfach zu fassen: Aufwendungen sind z.B. nicht nur Auszahlungen, sondern auch Abschreibungen (eine Abschreibung bezeichnet den Werteverzehr des Anlagevermögens eines Unternehmens), ein Ertrag ist so gesehen ein Wertezuwachs, drückt sich allerdings nicht nur in Geld aus (dann ist der Ertrag eine Einzahlung), sondern kann z.B. bei einem „debitorischen Buchungssystem“ kalkulatorisch sein, ein Erlös ist mindestens ein (mehr oder minder „werthaltiger“, also realistischer) Rechtsanspruch auf Geld und setzt i.d.R. eine vertragliche Basis für „die Geltendmachung von Erlösen“ voraus, Einnahmen können ein Geldfluss, können aber auch kalkulatorischer Natur sein, z.B. bei der Auflösung von Rücklagen, Auszahlungen und Einzahlungen sind immer mit Geldfluss verbunden und tauchen nach §4(3) EStG in der „Einnahmen-Überschuss-Rechnung“ für eine bestimmte Periode auf (im Gegensatz zur „Gewinn-Verlust-Rechnung“, die den gesamten Wertezuwachs und -verzehr abbildet), eine Ausgabe könnte auch in Form kreditorischen Buchens geschehen.

[46] Eine Bilanz ist eine zeit-**punkt**-bezogene Darstellung von Unternehmenswerten, und zwar in der **Rückschau**, denn bis zum Zeitpunkt der Bilanzanalyse kann viel passiert sein. Es empfiehlt sich daher eine möglichst zeitnahe Buchung (in Anlehnung an die monatlich zu erstellende Umsatzsteuerklärung haben sich maximal 10 Tage nach Vorfall bewährt) und eine entsprechend debitorische und kreditorische Buchungspraxis (im Einzelfall auch für Abschreibungen), damit ein schiefes Bild vermieden werden kann: Wird z.B. nicht debitorisch Noch FN 35

5. Verschuldungsgrad
(Verhältnis von Eigenkapital zu Fremdkapital) ...
... Ein Wert z.B. von 0,10 wäre erschreckend, denn dann würde das Unternehmen 10-fach anderen gehören.

6. Deckungsgrad A
(Verhältnis von Eigenkapital zum Anlagevermögen; in %) ...
... Ein Wert von 100 (%) wäre optimal (und erfüllt daher auch die „Goldene Bilanzregel"), denn dann würde das Anlagevermögen auch dem Unternehmen gehören.

Wird hingegen z.B. nur ein Wert von 10% erreicht und müssten die Anlagegüter en bloc und sofort verkauft werden - und unterstellen wir positiv, dass sie zum Buchwert verkaufbar sind (s.o.) - würde das Unternehmen von jedem EURO lediglich 10 Cent erhalten.

Das Dilemma vieler Unternehmen zeigt sich häufig auch im Blick des
7. Deckungsgrad B
(Verhältnis von Eigenkapital + Fremdkapital/Kredite zum Anlagevermögen; in %) ...
... Ein Beispiel: Das Eigenkapital beträgt 172.000,- EURO und das aufgenommene Fremdkapital 297.000,- EURO; dies ergibt als Summe rund 469.000,- EURO. Beläuft sich hingegen das Anlagevermögen eines Unternehmens auf rund 900.000,- EURO, fehlen also rund 431.000,- EURO, deren Finanzierung unklar ist.

8 a-d. Umlaufintensität
(Verhältnis von Umlaufvermögen[47] zur Bilanzsumme; in %) ...
... ein Wert von über 50% ist hoch; d.h., der Betrieb ist extrem umlaufintensiv, der Wert erscheint aber dennoch für Dienstleistungsunternehmen als relativ normal.

Hier allerdings gilt der schöne Grundsatz, dass sich umlaufintensive (Dienstleistungs-) Unternehmen Konflikte eigentlich nicht leisten können!

a) Die **Anlageintensität** *(Verhältnis Anlagevermögen zur Bilanzsumme; in %)* wäre in einem solchen Fall naturgemäß entsprechend geringer (< 50%); die Bedeutung wächst in produzierenden Betrieben mit Maschinen, also „Anlagen", die für längere Zeit angeschafft werden;

b) Die **Barliquidität** als dritte Größe dieser Art *(Verhältnis liquide Mittel zum kurzfristig fälligen Fremdkapital; in %)* ist in der Regel nur schwer bewertbar.

c) Die **Gesamtkapitalrentabilität** *(Verhältnis Jahresüberschuss zur Bilanzsumme; in %)* ist ebenfalls als sehr relativ einzuschätzen, weil es sich - wie schon angesprochen - bei Bilanzen i. d. R. um Steuerbilanzen handelt.

d) Die **Eigenkapitalrentabilität** *(Verhältnis Jahresüberschuss zum Eigenkapital; in %)* ... zeigt die „Verzinsung" des eingesetzten Kapitals an. Sie wird mit alternativen Finanzlagen auf dem Kapitalmarkt verglichen. Ein Wert von 0,06 (6%) ist daher als akzeptabel zu beurteilen.

9. Personalaufwandquote
(Verhältnis Personalaufwand in Geld zu den Erlösen in Geld; in %) ...

(zum Zeitpunkt der eigenen Rechungsstellung) oder kreditorisch (zum Zeitpunkt der Rechnungsstellung anderer) gebucht, könnte sich ein falsches Bild ergeben:
Entweder bei einem Eingang von größeren Finanzmitteln für einen längeren Zeitraum der Eindruck von „plötzlichem Reichtum" oder bei Buchung bzw. Abrechnung eigener Forderungen nur zum Jahresende (z.B. bei Zuwendungsförderung) der Eindruck, nicht profitabel und wirtschaftlich genug zu sein.

[47] Umlaufvermögen sind in Unternehmen alle Vermögensgegenstände, die im Rahmen des Betriebsprozesses zur kurzfristigen Veräußerung, zum Verbrauch, zur Verarbeitung oder zur Rückzahlung bestimmt sind. Sie befinden sich nur kurze Zeit im Unternehmen und dienen nicht, wie das Anlagevermögen, dauerhaft dem Geschäftsbetrieb.

... Ein Wert von 60% ist für den Dienstleistungsbereich üblich. Deutlich niedrigere und auch anzufindende Werte (z.B. 25%) bedeuten, dass mit einem relativ niedrigen Personalaufwand ein sehr hoher Erlös, der in dieser Form nur in maschinenintensiven Betrieben erreichbar wäre, erzielt wird.

In Dienstleistungsbetrieben dieser Art (z.B. im Medienbereich, aber auch in Privatkliniken) ist immer wieder das Dilemma beobachtbar, dass die Mitarbeiter trotz z.T. überdurchschnittlicher, hoher Gehälter sich nur sehr marginal an den überproportionalen Gewinnen beteiligt fühlen.

Dieser Unterschied hat früher zu Klassenkämpfen geführt. Heutzutage ist man diesbezüglich pragmatischer.

Und trotzdem könnten Unmutsäußerungen und eine schlechte Betriebs-Kultur auch auf das subtile Gefühl zurückgeführt werden, dass bei den Mitarbeitern der Eindruck von „Ausbeuterei" entstanden ist; möglicherweise auch geschürt durch verschiedene Symbole von „Reichtum", an denen sie nicht partizipieren.

10. Forderungsumschlag

(Verhältnis der Umsatzerlöse zu den Forderungen; als Faktor) ...

... Ein Wert von 12 bedeutet, dass jeden Monat die Forderungen (also nach vier Wochen) erfüllt werden, ein Wert von 365 bedeutet, dass dieses taggenau der Fall ist.

In der Praxis ist ein Wert von 7,5 realistisch. Unternehmen mit diesem Wert warten also im Schnitt 6 Wochen auf Ihr Geld (s. auch „Forderungen").

Epilog, Schlussbild (zum Trost, falls nicht alles gleich klappt):

„Snoopy und Charlie Brown am See"; nach: CHARLES M. SCHULZ

Literatur – erwähnte (e) und weiterführende zum Thema (w)

BOSETZKY, HORST und HEINRICH, PETER ([5]2001): Mensch und Organisation. Aspekte bürokratischer Sozialisation. Eine praxisorientierte Einführung in die Soziologie und die Sozialpsychologie der Verwaltung; Kohlhammer --- e/w

BRATER, JÜRGEN (2011): Keine Ahnung, aber davon viel. Die peinlichsten Prognosen der Welt; Ullstein --- e/w

DOBELLI, ROLF (2011): Die Kunst des klaren Denkens: 52 Denkfehler, die Sie besser anderen überlassen; Hanser --- e/w

DÖRNER, DIETRICH ([11]2012): Die Logik des Misslingens. Strategisches Denken in komplexen Situationen; rororo --- e/w

HENSEL, DANIELA (2015): Understanding Branding; Strategie- und Designprozesse in der Entwicklung verstehen und umsetzen; Stiebner --- e/w

FÖRSTER, HEINZ VON; GLASERFELD, ERNST VON; U.A. (1992, [12]2010): Einführung in den Konstruktivismus: Beiträge von Heinz von Förster; Ernst von Glaserfeld, Siegfried J. Schmidt, Paul Watzlawick; Piper --- e/w

FUCHS, JÜRGEN (1995): Manager, Menschen und Monarchen. Denk-Anstößiges für Leitende und Leidende; Campus --- e/w

GIGERENZER, GERD (2008): Bauchentscheidungen. Die Intelligenz des Unbewussten und die Macht der Intuition; Goldmann --- e/w

HÜTHER, GERALD (2011, [2]2018): Was wir sind und was wir sein könnten: Ein neurobiologischer Mutmacher; Fischer TB --- e/w

KAHNEMANN, DANIEL (2012): Schnelles Denken, langsames Denken; Siedler --- e/w

LESCH, HARALD (2017): Die Menschheit schafft sich ab. Die Erde im Griff des Anthropozäns; Knaur --- e/w

LEVKNECHT, GUNNAR (2010, Diplomarbeit, BWL, Uni Hamburg): SWOT, Portfolio-Analyse und Lebenszykluskonzept. Darstellung und Analyse der strategischen Analyseinstr.; GRIN --- w

MÜLLER, C. WOLFGANG (1988, [6]2013): Wie Helfen zum Beruf wurde: Eine Methodengeschichte der Sozialen Arbeit; Beltz Juventa --- e

NEUBERGER, OSWALD (2002): Führen und führen lassen. Ansätze, Ergebnisse und Kritik der Führungsforschung; Lucius & Lucius. UTB --- e/w

PORTER, MICHAEL E. (1983, [12]2013): Wettbewerbsstrategien: Methoden zur Analyse von Branchen und Konkurrenten; campus --- e/w

REINBACHER, PAUL (2009): SWOT-Analyse: Der Klassiker für Fortgeschrittene; In: OrganisationsEntwicklung. Zeitschrift für Unternehmensentwicklung und Change-Management; Heft 03/09, S. 73 ff, zoe --- e/w

ROCHA- LONA, LUIS, GARZA-REYES, JOSE, KUMAR, VIKAS (2013): Building Quality Management Systems: Select the Right Methods and Tools; CRC Press --- w

ROTH, GERHARD, STRÜBER, NICOLE (2014).: Wie das Gehirn die Seele macht; Klett-Cotta --- e/w

SIMON, FRITZ B: (2007, [2]2018): Einführung in die syst. Organisationstheorie; Carl Auer --- w

SPITZER., MANFRED (2020): Wie wir denken und lernen. Ein faszinierender Einblick in das Gehirn von Erwachsenen; mvg --- e/w

SPRENGER, REINHARD K. ([1]1995): Mythos Motivation; Campus --- e

Printed by Books on Demand GmbH, Norderstedt / Germany